Bedürfnisbefriedigung – Produktionsstruktur – Grundproportionen

Forschungsberichte

herausgegeben von dem
Zentralinstitut für Wirtschaftswissenschaften
der Akademie der Wissenschaften der DDR,
Direktor Prof. Dr. sc. Wolfgang Heinrichs

Nr. 10

GERD KNOBLOCH

Bedürfnisbefriedigung Produktionsstruktur Grundproportionen

AKADEMIE-VERLAG · BERLIN 1974

Wissenschaftlicher Redakteur:

Dr. Walburga Wicke

Erschienen im Akademie-Verlag, Berlin
108 Berlin, Leipziger Straße 3-4

Lizenznummer: 202 · 100/44/74
Gesamtherstellung: VEB Kongreß- und Werbedruck Oberlungwitz
9273 Oberlungwitz/DDR
Bestellnummer: 752 564 8 (2163/10) · LSV 0325
Printed in GDR
EVP 5,-

INHALTSVERZEICHNIS

1. ZUSAMMENHÄNGE ZWISCHEN PRODUKTION UND BEDÜRFNISSEN IM VOLKSWIRTSCHAFTLICHEN REPRODUKTIONSPROZESS

Schon seit längerem werden im Zentralinstitut für Wirtschaftswissenschaften an der Akademie der Wissenschaften der DDR die wechselseitigen Beziehungen zwischen Bedürfniskomplexen und Produktionsstruktur sowie damit verbundene Grundproportionen und Effektivitätsrelationen im volkswirtschaftlichen Reproduktionsprozeß untersucht. Diese Untersuchungen dienen der Durchführung der vom VIII. Parteitag der SED gestellten Hauptaufgabe, die die wirtschaftsstrategische Linie für die langfristige Volkswirtschaftsplanung der DDR bildet.

Hierbei kommt es besonders darauf an, das Produktionswachstum, die Produktivitäts- und Effektivitätssteigerung der Produktionszweige, die Gestaltung der Struktur und Proportionen des volkswirtschaftlichen Reproduktionsprozesses in ihren unmittelbaren Wechselbeziehungen zur Erhöhung des materiellen und kulturellen Lebensniveaus der Bevölkerung systematisch zu erfassen und planmäßig besser zu beherrschen. Unter diesen Gesichtspunkten muß sich die wirtschaftswissenschaftliche Forschung viel gründlicher mit den Fragen auseinandersetzen,

- wie, in welchem Maße und auf welche Weise die Produktion, ihr Wachstumstempo, ihre Struktur, Proportionalität und Effektivität zur Befriedigung der Bedürfnisse in der entwickelten sozialistischen Gesellschaft beitragen,
- wie dadurch dem ökonomischen Grundgesetz, das auf die gesamtgesellschaftliche Zusammenarbeit für den umfassenden Wohlstand aller zur allseitigen persönlichen Entfaltung jedes einzelnen gerichtet ist, entsprochen wird und

- wie mit der Entwicklung neuer produktiver Potenzen und Fähigkeiten der Menschen das weitere Wachstum der Produktivkräfte und Produktionsverhältnisse in der sozialistischen Gesellschaft gefördert wird.

Mit der weiteren Vervollkommnung des industriellen und landwirtschaftlichen Produktionspotentials unter immer breiterer Anwendung von Errungenschaften der wissenschaftlich-technischen Revolution, mit der sich dabei vollziehenden Herausbildung höherer Vergesellschaftungsstufen der Arbeit und entwickelter Formen der sozialistischen Produktionsverhältnisse nehmen auch die sich erweiternden und differenzierenden Bedürfnisse zunehmend spezifisch sozialistische Merkmale an. Das grundlegende sozialistische Interesse am steigenden Wohlstand für alle zur allseitigen Persönlichkeitsentfaltung jedes einzelnen äußert sich heute immer konkreter angesichts der wachsenden wissenschaftlich-technischen Realisierungsmöglichkeiten in den Wohn-, Bildungs-, Kommunikations- und anderen sozialen und kulturellen Bedürfnissen der Menschen. Auf diese Weise werden auch die prinzipiellen Unterschiede der Bedürfnisentwicklung und -befriedigung in der sozialistischen Gesellschaft zur bürgerlichen "Konsumgesellschaft" noch deutlicher.

Das entscheidende Kettenglied für die immer bessere Befriedigung der ständig wachsenden Bedürfnisse der entwickelten sozialistischen Gesellschaft ist ein noch höheres Tempo in der Steigerung der gesellschaftlichen Arbeitsproduktivität sowie der volkswirtschaftlichen Effektivität bei der Nutzung der verfügbaren Ressourcen. Die weitere Bedürfnisbefriedigung über das bisher erreichte Niveau hinaus hängt unter den jetzigen Entwicklungsbedingungen unserer Volkswirtschaft allein davon ab, wie es gelingt, aus dem laufenden Reproduktionsprozeß durch Aufwandssenkungen im Ergebnis von Produktivitäts- und Effektivitätssteigerungen und den damit verbundenen Strukturveränderungen sowohl die erforderlichen physischen Ressourcen an Arbeitskräften, Rohstoffen, Energie und dergleichen als auch die dementsprechenden Zeitressourcen (das heißt Arbeits- und Freizeit) für die noch nicht ausreichend befriedigten, sich erweiternden oder neu entstehenden Bedürfnisse zu gewinnen. Wesentliche Produktivitäts- und Effektivitätssteigerungen sind heute nur durch die konsequente Nutzung der vielfältigen Möglichkeiten des wissenschaftlich-technischen Fortschritts sowie der sozialistischen Wirtschaftsintegration zu erreichen. Dabei kommt es vor allem darauf an, die planmäßige Entwicklung des weiteren sozialistischen Vergesellschaftungsprozesses der Produktion und Arbeit im nationalen und internationalen Maßstab in unmittelbarer Verbindung mit der sozialistischen Lebensweise zu gewährleisten.

Eine charakteristische Erscheinung ist in dieser Hinsicht das verstärkte Auftreten neuer gesellschaftlicher Lösungen der Bedürfnisbefriedigung in der Konsumtionssphäre. Das betrifft nicht nur die beschleunigt wachsende gesellschaftliche Konsumtion, sondern auch solche Prozesse wie die weitere Überleitung von Funktionen der Hauswirtschaft in die Sphäre der gesellschaftlichen Arbeit, insbesondere durch Erweiterung der Dienstleistungsbereiche, die Herausbildung neuer gesellschaftlicher Organisationsformen für die komplexe Bedürfnisbefriedigung oder die territoriale Konzentration von zersplitterten Versorgungs- und Dienstleistungseinrichtungen. Mit derartigen Vergesellschaftungstendenzen sind sowohl wichtige sozialpolitische Fragen als auch bedeutende Probleme der ökonomischen Rationalität verbunden, die die Produktionsstruktur und auch die Grundproportionen des volkswirtschaftlichen Reproduktionsprozesses (insbesondere die Verwendung des Nationaleinkommens für die produktive und nichtproduktive Akkumulation sowie für die individuelle und gesellschaftliche Konsumtion) wesentlich beeinflussen. Nicht zu unterschätzen sind außerdem die beträchtlichen Möglichkeiten, die diese gesellschaftlichen Formen der Bedürfnisbefriedigung - beispielsweise auf dem Gebiet des Verkehrswesens oder der Naherholung - für eine rationellere, den Bedürfnissen der Werktätigen entsprechende Nutzung des Naturpotentials sowie für die Erhaltung und Gestaltung einer menschenwürdigen natürlichen Umwelt bieten.

Mit dem wachsenden Aufkommen moderner technischer Gebrauchsgüter bilden sich auch neue Individualisierungstendenzen in der Bedürfnisbefriedigung heraus (individuelle Motorisierung, Technisierung der Haushalte, Heimelektronik und dergleichen), die keineswegs als dem Sozialismus abträgliche Erscheinungen zu betrachten sind. Im Gegenteil. Indem sie das Leben erleichtern und verbessern helfen oder die Disponibilität und Mobilität der Menschen erhöhen, tragen sie wesentlich zur allseitigen Entfaltung der Fähigkeiten und produktiven Potenzen bei. Darauf ist schließlich das ökonomische Grundgesetz im Sozialismus gerichtet. Es besteht allerdings die Gefahr, daß beim Überschreiten bestimmter Ausbreitungsgrenzen oder bei einer zu einseitigen Entwicklung gerade mit diesen modernen Tendenzen der Bedürfnisbefriedigung sich auch individualistische, kleinbürgerliche, das heißt dem Sozialismus fremde, Lebensformen auf neue Art entwickeln können, höhere volkswirtschaftliche Aufwendungen für die Bedürfnisbefriedigung verursacht werden, uneffektive Belastungen des Zeitbudgets der Bevölkerung auftreten oder negative Beeinflussungen der natürlichen Umwelt entstehen.

Die Herausbildung gesellschaftlich effektiver Konsumtionsformen in Verbindung mit den neuen Vergesellschaftungsstufen entsprechend den entwickelten sozialistischen Erfordernissen ändert nichts daran, daß die individuelle Konsumtion und ihre Realisierung über die individuellen Geldeinkommen nach wie vor den Hauptanteil an der Konsumtion beibehalten, aber es werden in zunehmendem Maße Substitutionen von Konsumgütern durch Dienstleistungen stattfinden. Die Bedürfnisbefriedigung in der entwickelten sozialistischen Gesellschaft bleibt deshalb untrennbar mit der vollen Durchsetzung des sozialistischen Leistungsprinzips verbunden. Die Lehren unserer Klassiker, nach denen die Gesellschaft eine strenge Kontrolle zur Wahrung der Übereinstimmung zwischen der Arbeitsleistung und dem Ausmaß des individuellen Verbrauchs durchführen muß, um die nach dem Entwicklungsstand der Produktivkräfte im Sozialismus höchstmögliche Form der sozialen Gerechtigkeit umfassend zu verwirklichen, behalten deshalb ihre volle Gültigkeit. Es bleibt bekanntlich auch im entwickelten Sozialismus noch zwangsläufig eine ungleichmäßige Bedürfnisbefriedigung der Werktätigen und ihrer Familien bestehen. Die für den einzelnen unentgeltliche gesellschaftliche Konsumtion stellt in diesem Zusammenhang eine notwendige Ergänzung des sozialistischen Leistungsprinzips dar, indem sie auf solchen Gebieten wie Bildung, Kultur, Gesundheitswesen oder Kinderbetreuung die Voraussetzungen und gleichen Bedingungen für alle Werktätigen schafft, ihre Leistungsfähigkeit zu entfalten, und die Betreuung bei Krankheit und im Alter sowie andere gesellschaftliche Erfordernisse gewährleistet.

Die planmäßige Beherrschung dieser Zusammenhänge und Prozesse und dabei vor allem der Wechselwirkungen zwischen der Produktion und den Bedürfnissen wird heute besonders wichtig für die Lösung der Struktur- und Proportionalitätsprobleme im Zeitraum der langfristigen Planung des volkswirtschaftlichen Reproduktionsprozesses. Das erfordert aber noch tiefergehende systematische Analysen des gesamten Problemkreises sowohl in theoretisch-politökonomischer als auch in praktisch-methodischer Hinsicht. Von prinzipieller Bedeutung ist, daß dabei konsequent die Marxsche Methode der Behandlung von Produktion, Distribution, Zirkulation und Konsumtion als dialektische Einheit der Phasen des Reproduktionsprozesses angewendet wird. Vor allem geht es hier um die weitreichenden theoretischen und praktischen Schlußfolgerungen aus den Thesen, daß die Produktion nicht nur den Gegenstand der Konsumtion, sondern auch die Weise der Konsumtion produziert, daß die Bedürfnisse letztlich der Produktion entspringen und dann wiederum die Zweckbestimmung für die Produktion bilden.[1] "Die jedesmalige Verteilung der Konsumtionsmittel ist nur Folge der Verteilung der Produktionsbedingungen selbst"[2], bemerkte Marx an anderer Stelle. Insofern werden durch die gegenwärtige Strukturpolitik in der Produktionssphäre zwangsläufig für einen weitreichenden Zeitraum im voraus bereits die Konturen einer ganz bestimmten Konsumtions- und damit Lebensweise der Gesellschaft festgelegt und auf diese Weise auch ganz bestimmte Potenzen der weiteren Produktivkraftentwicklung geschaffen.

Auf dem XXIV. Parteitag der KPdSU wurde dazu betont, daß die Erhöhung des Lebensniveaus in der sozialistischen Gesellschaft nicht unter dem engen Gesichtspunkt der materiellen und moralischen Anreize zur Arbeit allein betrachtet werden darf, sondern: "Es geht um die Schaffung der Bedingungen, die die allseitige Entwicklung der Fähigkeiten und der schöpferischen Aktivität der Sowjetmenschen, aller Werktätigen begünstigen, das heißt um die Entwicklung der Hauptproduktivkraft der Gesellschaft."[3]

Unter diesen Gesichtspunkten ist ständig zu prüfen, ob und inwieweit die heute in Angriff genommenen, langfristig wirksam werdenden Investitionsobjekte und andere langfristige Entscheidungen über die Entwicklung der Produktions- und Infrastruktur - insbesondere auf den Gebieten Wissenschaft und Technik, Bildungswesen, Städte- und Wohnungsbau, Verkehrswesen und anderen - tatsächlich zu der Lebensweise und zu den Produktivkräften führen, die der entwickelten sozialistischen und zur höheren Phase des Kommunismus übergehenden Gesellschaft adäquat sind.

Dabei ist auch zu berücksichtigen, daß die gegenwärtig zu treffenden Strukturentscheidungen in hohem Maße noch durch die Strukturentwicklung in den vorangegangenen Jahren determiniert sind. Der bestehende Produktionsapparat mit seinen vielfältigen Verflechtungen läßt sich kurzfristig nur in relativ engen Grenzen verändern. Selbst Neuinvestitionen müssen organisch mit der herausgebildeten Produktions- und Infrastruktur verbunden sein. Je länger jedoch die Zeitspanne ist, für die die Strukturentscheidungen im voraus vorbereitet werden, um so größer wird der Spielraum für die strukturelle Umgestaltung sein, um so weniger ist allerdings auch die anzustrebende Struktur in ihren Details, in ihren Elementen konkret bestimmbar.

Wenn es heute erforderlich ist, die langfristig wirkenden Planentscheidungen über die Entwicklung der Produktions- und Infrastruktur grundsätzlich auf die Entfaltung der sozialistischen beziehungsweise kommunistischen Lebensweise entsprechend den sich abzeichnenden wissenschaftlich-technischen Entwicklungstendenzen auszurichten, darf sich insbesondere die Prognostik nicht mehr nur, wie es bisher hauptsächlich der Fall war, auf die möglichen Entwicklungsrichtungen von Wissenschaft und Technik und ihre Auswirkungen auf die Produktion beschränken. Sie muß sich viel intensiver mit den sich aus den Entwicklungsmöglichkeiten von Wissenschaft, Technik und Produktion ergebenden Problemen der künftigen Konsumtion der Gesellschaft und ihren sozialökonomischen Konsequenzen für die Verwirklichung der sozialistischen beziehungsweise kommunistischen Ziele auseinandersetzen. Ein präziseres Studium der gesellschaftlichen Bedürfnisse sowie die prognostische und analytische Einschätzung der Möglichkeiten und Lösungsvarianten sowie deren unmittelbare und langfristige Folgen werden auch in der Sowjetunion als Hauptaufgaben zur Vervollkommnung der Planung angesehen.[4]

Ein Hauptaspekt der neuen Vergesellschaftungsstufen unter den entwickelten sozialistischen Bedingungen ist die Ausrichtung aller wesentlichen Beziehungen und Funktionen des volkswirtschaftlichen Reproduktionsprozesses auf die Bedürfnisentwicklung und -befriedigung. Es geht dabei um das gemeinsame, planmäßige, gesamtgesellschaftliche Zusammenwirken der unterschiedlichsten Produzentenkollektive aus sehr verschiedenen Zweigen der materiellen Produktion sowie der nichtmateriellen Sphäre für ganz bestimmte gesellschaftliche Zwecke zur Befriedigung gleichartiger Gruppen von Bedürfnissen. Umfassende Analysen und Bilanzierungen des Einsatzes der volkswirtschaftlichen Ressourcen, Fonds und Aufwendungen, unmittelbar bezogen auf die verschiedenen Bedürfnisse, helfen auch bisher verborgen gebliebene Quellen der Ökonomie der gesellschaftlichen Gesamtarbeit erschließen. In dieser Hinsicht wird es notwendig werden, die Volkswirtschaftsplanung inhaltlich und methodisch weiter zu vervollkommnen. Hierzu hat sich während der letzten Jahre in der DDR immer mehr die Auffassung gefestigt, daß hauptsächlich bei der langfristigen Planung der Bildung von Bedürfniskomplexen eine zentrale Rolle zukommt und daß allgemein die Probleme der Bedürfnisbefriedigung und der Konsumtionsstruktur inhaltlich und methodisch viel enger mit den Problemen des Wachstums und der Strukturgestaltung der Produktion verbunden werden müssen. Das wurde vor allem auf der 4. und 5. Tagung des Rates für Wirtschaftswissenschaftliche Forschung zu Grundfragen der Vervollkommnung der Planung der Volkswirtschaft beziehungsweise der Entwicklung und Befriedigung der Bedürfnisse zum Ausdruck gebracht.[5] In den Thesen für die 5. Ratstagung heißt es dazu: "Mit dem Beschluß über die langfristige Planung wurden die Bedürfniskomplexe zum Bestandteil der Nomenklatur der Ausarbeitung komplexer Aufgaben, so daß erstmalig mit staatlicher Verbindlichkeit die Durcharbeitung ganzer Bedürfniskomplexe zur Begründung des langfristigen Planansatzes organisiert wird. Damit wird der Notwendigkeit Rechnung getragen, die Ausarbeitung der Bedürfniskomplexe so eng wie möglich mit dem Planungsprozeß zu verbinden."[6]

Die Art und Weise der Bildung von Bedürfniskomplexen ist jedoch noch umstritten, was in erster Linie darauf beruht, daß allgemein noch keine genügende theoretische Klarheit über die Grundlagen einer Klassifizierung der Bedürfnisse herrscht. Das betrifft sowohl das komplizierte ökonomische

Wesen der Bedürfnisse - das mit materiellen und ideellen, objektiven und subjektiven, gesellschaftlichen und individuellen Bedingungen und Faktoren verbunden ist - als auch ihre Steuerungsfunktionen (mit Rückkopplungen) in den Phasen des volkswirtschaftlichen Reproduktionsprozesses. Auch in praktischer Hinsicht liegen noch keine allgemein anerkannten Systematisierungsvorschläge vor, die es ermöglichen, die gesellschaftlichen Bedürfnisse in der ganzen Vielfalt ihrer Erscheinungsformen für die Planungszwecke ausreichend zu erfassen. In der Fachliteratur der DDR wurde bisher vor allem von Walther und Stötzer auf die schwierige Problematik einer Gliederung der Bedürfnisse hingewiesen und Gesichtspunkte dafür genannt.[7] Die derzeitigen mehr praktisch orientierten Überlegungen zur weiteren Vervollkommnung der Volkswirtschaftsplanung stützen sich hauptsächlich auf das System von Bedürfniskomplexen, das sich speziell bei der Lebensstandardforschung herausgebildet hat. Hier handelt es sich um solche Komplexe wie Ernährung, Kleidung, Wohnung, Bildung und Erziehung, Gesundheitspflege, Kultur, Verkehr und andere, die die materiellen und kulturellen Lebensbedingungen der Bevölkerung prägen. Mit ihrer Systematik haben sich in der DDR besonders Manz, Lippold, Keck, Engels und Walther beschäftigt.[8]

Die Bedürfniskomplexe bringen als besonderes volkswirtschaftliches Aggregat den Bedürfnisaspekt unmittelbar zum Ausdruck. Sie ermöglichen es, die Mittel der Bedürfnisbefriedigung - das heißt die materiellen Erzeugnisse sowie die materiellen und nichtmateriellen Dienstleistungen, die das "Grund- und Hilfsmaterial" der Bedürfnisbefriedigung bilden - nach verschiedenen Arten der individuellen und kollektiven Bedürfnisse der Menschen zu gruppieren. Eine derartige Gruppierung unterscheidet sich prinzipiell von der allgemein gebräuchlichen Gliederung nach Produktionsbereichen und -zweigen, die auf der gesellschaftlichen Arbeitsteilung beruht und bei der die Mittel der Bedürfnisbefriedigung in erster Linie nach Produktionsgesichtspunkten (Technologie, Ausgangsstoffe, Eigenart der Produkte) unterschieden werden. Es besteht jetzt unter den Ökonomen der DDR schon ein weitgehendes Einvernehmen darüber, daß das bisherige, vorwiegend auf Produktionsbereichen und -zweigen aufbauende System der volkswirtschaftlichen Planung - insbesondere für die langfristige Planung - Schritt für

Schritt durch ein organisch eingegliedertes System von Bedürfniskomplexen ergänzt werden sollte, da sie die materiellen und kulturellen Lebensbedingungen der Bevölkerung umfassen, in die schließlich die gesamte gesellschaftliche Produktion (auch der Austausch der Produkte über den Außenhandel) einfließt.

In diesem Zusammenhang verdient besondere Aufmerksamkeit, daß heute mit der Entfaltung der wissenschaftlich-technischen Revolution unter den Bedingungen der entwickelten sozialistischen Gesellschaft und der sich dabei weiter verstärkenden Komplexität, Verflechtung und Dynamik des volkswirtschaftlichen Reproduktionsprozesses eine Reihe von Reproduktionsbeziehungen objektiv an Bedeutung gewinnen, die im Rahmen der produktionsbezogenen Struktureinheiten nur sehr unzureichend planmäßig beherrscht werden können. Zu solchen Reproduktionsbeziehungen, die gegenwärtig für eine bedürfnisgerechte Verteilung der gesellschaftlichen Gesamtarbeit immer bedeutender werden und die mit Hilfe von Bedürfniskomplexen in der Volkswirtschaftsplanung besser zu erfassen und zu berücksichtigen sind, gehören insbesondere:

- die vielseitigen Substitutionsmöglichkeiten von Erzeugnissen und Leistungen verschiedener Zweige, die gleichartige Bedürfnisse mit unterschiedlicher Effektivität befriedigen,
- die gegenseitigen Bedingtheiten von Erzeugnissen und Leistungen verschiedener Zweige für einen bestimmten Bedürfniskomplex (zum Beispiel technische Haushaltsgeräte, Zubehör, Ersatzteile und Reparaturleistungen),
- die Verflechtungen zwischen den verschiedenen Bedürfniskomplexen (zum Beispiel zwischen Bildung, Wohnung und Kommunikation oder Ernährung und Gesunderhaltung),
- die gesellschaftlichen Präferenzen für die Entwicklung bestimmter Bedürfniskomplexe und ihre Konsequenzen für die Produktionsstruktur und
- die mit den Bedürfniskomplexen sowie mit der individuellen und gesellschaftlichen Konsumtion verbundene Einkommensverwendung und -verteilung (insbesondere auch die Primärverteilung des Nationaleinkommens).

Im Unterschied zu den arbeitsteilig und technologisch bedingten Produktionsverflechtungen, die mit den in Planung und Statistik angewendeten Verflechtungsbilanzen methodisch bereits ausreichend beherrscht werden, lassen sich die eben genannten wechselseitigen Abhängigkeiten der Bedürfnisse bisher methodisch kaum oder nur sehr unvollkommen erfassen, obwohl sie heute schon und erst recht in Zukunft einen beträchtlichen Einfluß auf die planmäßig proportionale Entwicklung der Volkswirtschaft ausüben.

Infolge der zentralen Stellung, die die Bedürfniskomplexe der Konsumtion im volkswirtschaftlichen Reproduktionsprozeß einnehmen, sind auf Prognosen aufbauende perspektivische Konzeptionen für die Entwicklung der einzelnen Bedürfniskomplexe sowie strategische Vorstellungen über ihre Gesamtentwicklung und Rangfolge wichtige Grundlagen für die Ausarbeitung der Volkswirtschaftspläne. Zusammen mit den Konzeptionen über die wissenschaftlich-technische Entwicklung der Produktionszweige sowie über die Entwicklung der sozialistischen Wirtschaftsintegration und der anderen Außenhandelsbeziehungen bilden die Entwicklungskonzeptionen der Bedürfniskomplexe der Konsumtion wichtige Grundlagen für die Bilanzierung und Optimierung des gesamten volkswirtschaftlichen Reproduktionsprozesses.

Auf Bedürfniskomplexen basierende langfristige Analysen und Prognosen des volkswirtschaftlichen Reproduktionsprozesses dürften auch die Erkenntnisse über die Entwicklungsrichtungen zu planender volkswirtschaftlicher Grundproportionen erweitern und vertiefen helfen. Von uns durchgeführte statistische Untersuchungen[9] zeigen, daß die einzelnen Bedürfniskomplexe der Konsumtion infolge der sehr unterschiedlichen spezifischen Aufwendungen an materiellen und nichtmateriellen Erzeugnissen beziehungsweise Leistungen für die Befriedigung der verschiedenen Bedürfnisse auch sehr differenziert an der Herausbildung der volkswirtschaftlichen Grundproportionen beteiligt sind.

Während bestimmte Bedürfniskomplexe ein besonders großes Volumen an Konsumgütern einnehmen, die unmittelbar verbraucht werden (zum Beispiel Ernährung, Bekleidung), weisen andere eine außerordentlich hohe Anlagenintensität auf und nehmen deshalb mehr den Investitions- beziehungsweise Akkumulationsfonds und weniger den Konsumtionsfonds in Anspruch (Verkehr, Wohnung), wieder andere erfordern überwiegend nichtmaterielle Leistungen und beanspruchen die materielle Produktion in relativ geringem Maße (Bildung, Kultur). Auch die individuelle und gesellschaftliche Konsumtion verteilt sich sehr unterschiedlich auf die Bedürfniskomplexe (zum Beispiel Bekleidung überwiegend individuelle Konsumtion, Gesundheitswesen vorwiegend gesellschaftliche Konsumtion).

Aus den gesellschaftlichen Bedürfnisstrategien abgeleitete unterschiedliche Entwicklungstempi der Bedürfniskomplexe können demzufolge zu sehr verschiedenen Konsequenzen für das Wachstumstempo der materiellen und nichtmateriellen Bereiche, für die Entwicklung der Akkumulation und Konsumtion, von individueller und gesellschaftlicher Konsumtion sowie anderer volkswirtschaftlicher Grundproportionen führen (wobei natürlich auch entgegenwirkende Tendenzen aus strukturellen Veränderungen innerhalb der Bedürfniskomplexe, Veränderungen der Effektivitätsrelationen und dergleichen in Betracht zu ziehen sind).

Die Beherrschung dieser Zusammenhänge ist für die langfristige Planung von größter Bedeutung, da gewährleistet sein muß, daß sich die Entwicklung der volkswirtschaftlichen Grundproportionen in Übereinstimmung mit den gesellschaftlichen Bedürfnisstrategien vollzieht. Vor welcher tiefgreifenden Problematik die Volkswirtschaftsplanung dabei heute steht, läßt sich an zwei wichtigen Entwicklungstendenzen ermessen, die zu wesentlichen durch Strukturveränderungen in der Bedürfnisbefriedigung verursachten Veränderungen der Entwicklung volkswirtschaftlicher Grundproportionen führen können:

1. an den sich jetzt schon abzeichnenden Tendenzen zu Bedarfssättigungen und dem verlangsamten Wachstum bei denjenigen Bedürfniskomplexen, die zur Zeit den Hauptanteil sowohl des gesellschaftlichen End- und Gesamtprodukts als auch des durchschnittlichen Familieneinkommens beanspruchen (Ernährung, Bekleidung),

2. an dem besonders schnellen Wachstum solcher Bedürfniskomplexe, bei denen einerseits die Akkumulation und der Grundmittelersatz von größter Bedeutung sind (Wohnung, Verkehrs- und Nachrichtenwesen) oder die andererseits einen relativ geringeren laufenden Verbrauch materieller Produkte aufweisen, dafür aber um so mehr nichtmaterielle Leistungen, gesellschaftliche Konsumtion und auch nichtproduktive Akkumulation erfordern (Bildung, Gesundheitswesen, Erholung, Kultur).

Angesichts dieser Tendenzen (zu denen auch noch wesentliche Strukturveränderungen innerhalb der Bedürfniskomplexe hinzukommen) werden wahrscheinlich schon in den nächsten 10 oder 20 Jahren bei weiterhin kontinuierlichem Reproduktionswachstum die konkreten Formen der Realisierung und damit auch der Verteilung des Nationaleinkommens auf gesellschaftliche und individuelle Fonds mit Strukturproblemen verbunden sein, die die bisherigen an Umfang und Stärke bei weitem übertreffen und auf die sich die Planungsorgane heute bereits einstellen müssen. Das betrifft neben der allgemein erforderlichen besseren planmäßigen Beherrschung der Zusammenhänge von Bedürfniskomplexen, Zweigstruktur der Produktion und Einkommensverteilung vor allem auch die Planung der Wachstumstempi der Bereiche und Zweige, die Entwicklung der Akkumulationsrate sowie der Struktur der Akkumulation, die möglichen und notwendigen Anteile der individuellen und gesellschaftlichen Konsumtion, die damit verbundene Einkommensbildung und -verteilung und nicht zuletzt auch die grundlegenden Wachstumsproportionen und Reproduktionsbeziehungen zwischen den Abteilungen I und II.

Aus diesen Überlegungen folgt, daß es heute besonders dringlich ist, die von den Konsumtionsbedürfnissen und ihrer Befriedigung ausgehenden strukturellen Einflüsse und Rückwirkungen gründlich zu analysieren, um die Volkswirtschaftsplanung in die Lage zu versetzen, die mit dieser entscheidenden Strukturkomponente verbundenen Gesetzmäßigkeiten des volkswirtschaftlichen Reproduktionsprozesses noch wirksamer für den weiteren Aufbau der entwickelten sozialistischen Gesellschaft und die Vorbereitung ihrer materiell-technischen Basis für die höhere Phase der kommunistischen Produktionsweise im Zusammenhang mit der sich vertiefenden wissenschaftlich-technischen Revolution sowie der sozialistischen Wirtschaftsintegration auszunutzen.

2. ANALYSE VON GRUNDPROPORTIONEN DER VOLKSWIRTSCHAFTLICHEN PRODUKTIONSSTRUKTUR NACH BEDÜRFNISKOMPLEXEN

Im vorangegangenen Abschnitt ist bereits auf wesentliche Zusammenhänge zwischen volkswirtschaftlichen Grundproportionen und Bedürfniskomplexen hingewiesen worden. Zu den volkswirtschaftlichen Grundproportionen gehören sowohl die Proportionen der Grundstruktur der Produktion - materielle Produktion und nichtmaterielle Bereiche, Abteilung I und II der materiellen Produktion, stoffliche Produktion und materielle Dienste, Industrie und Landwirtschaft, Schwerindustrie, Leicht- und Lebensmittelindustrie und andere - als auch die wichtigsten Aufkommens- und Verwendungsproportionen des gesellschaftlichen Gesamtprodukts beziehungsweise Nationaleinkommens, wie Ersatzfonds und Nettoprodukt, Konsumtion und Akkumulation, individuelle und gesellschaftliche Konsumtion, produktive und nichtproduktive Akkumulation.

Die volkswirtschaftlichen Grundproportionen bilden einerseits die objektiv notwendigen Größenverhältnisse zwischen den verschiedenen Elementen des Reproduktionsprozesses, die die Stabilität, Kontinuität und Effektivität der volkswirtschaftlichen Entwicklung sichern.[10] Zusammen mit den wichtigsten Effektivitätsrelationen stellen sie den Hauptbestandteil der ersten Projekte beziehungsweise Konzeptionen über die voraussichtliche Entwicklung der Volkswirtschaft in der langfristigen Planung dar. Insofern sind die eingeschätzten Grundproportionen zugleich auch Ausgangsgrößen einer ersten Verteilung beziehungsweise Umverteilung (gegenüber der Basisstruktur) der volkswirtschaftlichen Ressourcen - insbesondere der Arbeitskräfte - sowie des Akkumulationsfonds auf die Hauptbereiche im neuen Planungszeitraum. So waren zweifellos für die langfristige Verteilung beziehungsweise Umverteilung der Ressourcen und des Akkumulationsfonds in den fünfziger Jahren in der DDR die Grundproportionen des vorrangigen Wachstums der Abteilung I sowie der beschleunigten Entwicklung der Schwerindustrie maßgebliche Faktoren, während in den sechziger Jahren die vorrangige Entwicklung der technisch führenden Zweige und später auch die Annäherung des Wachstumstempos der Abteilungen I und II eine bedeutende Rolle spielten.

In bezug auf den Zusammenhang mit der Bedürfnisbefriedigung sind dabei zwei Aspekte wesentlich:

- Einerseits erfordern gesellschaftliche Bedürfnisstrategien über bestimmte Grundrichtungen der Bedürfnisbefriedigung die Planung bestimmter Entwicklungsrichtungen der volkswirtschaftlichen Grundproportionen. Die angestrebten Verhältnisse in der Befriedigung materieller und geistig-kultureller Bedürfnisse, in der Orientierung auf den unmittelbaren Verbrauch und die Schaffung langlebiger Elemente des Nationalreichtums, in der Entwicklung individueller oder kollektiver Formen der Bedürfnisbefriedigung usw. müssen durch eine den realen Bedingungen entsprechende Gestaltung volkswirtschaftlicher Grundproportionen (zum Beispiel zwischen materieller Produktion und nichtmateriellen Bereichen, Konsumtion und Akkumulation, individuelle und gesellschaftliche Konsumtion und andere) planmäßig gesichert werden.
- Andererseits üben die volkswirtschaftlichen Grundproportionen auch einen bestimmten Einfluß auf die Grundrichtungen der Bedürfnisbefriedigung aus. So lassen die wechselseitig verbundenen Grundproportionen infolge ihrer objektiv bedingten Zusammenhänge im volkswirtschaftlichen Reproduktionsprozeß (das sind insbesondere die arbeitsteiligen, technologisch bedingten Produktionsverflechtungen, die ökonomischen Austauschbeziehungen der Ware-Geld-Fonds im Inland und in der Außenwirtschaft, die Abhängigkeiten der Bedürfnisse untereinander) auch längerfristig Varianten in den Grundrichtungen der Bedürfnisbefriedigung nur in begrenzten Spielräumen zu.

Angesichts der Notwendigkeit einer besseren planmäßigen Beherrschung dieser Aspekte - vor allem bei der langfristigen Planung - rückt die Analyse der Frage, wie die in den verschiedenen Produktionsbereichen fungierende gesellschaftliche Gesamtarbeit und die Grundproportionen ihrer Reproduktion im volkswirtschaftlichen Maßstab mit den Bedürfniskomplexen des materiellen und kulturellen Lebensniveaus der Bevölkerung zusammenhängen, immer mehr in den Mittelpunkt des Interesses. Am Zentralinstitut für Wirtschaftswissenschaften wurden in dieser Hinsicht von Gertraud Kalok umfangreiche Untersuchungen anhand der für 1968 von der Staatlichen Zentralverwaltung für Statistik ausgearbeiteten volkswirtschaftlichen Verflechtungsbilanz der DDR durchgeführt, die erstmalig einen quantifizierten Nachweis über die Gliederung der gesellschaftlichen Produktion nach Bedürfniskomplexen erbrachten. Es ging dabei insbesondere um die Fragen:

- Wie verteilt sich das volkswirtschaftliche Endprodukt für die Konsumtion auf verschiedene Bedürfniskomplexe?
- Welche Verteilung des gesellschaftlichen Gesamtprodukts nach diesen Bedürfniskomplexen ergibt sich daraus?
- Wie verteilen sich die mit der Produktion des Gesamt- beziehungsweise Bruttoprodukts verbundenen Arbeitskräfte und Grundfonds auf die Bedürfniskomplexe?
- Wie sind die Arbeitskräfte und Grundfonds der nichtmateriellen Bereiche der Volkswirtschaft an den Bedürfniskomplexen beteiligt?

Als sich zeigte, daß unsere ersten Versuche, diese Fragen zu analysieren, ein breites Interesse erweckten, wurde nochmals eine generelle Überarbeitung und Ergänzung der ursprünglichen Berechnungen vorgenommen, die teilweise auch zu Veränderungen der zahlenmäßigen Ergebnisse führten. Einerseits wurden die Bedürfniskomplexe weiter aufgegliedert und teilweise die inhaltliche Zuordnung bestimmter Erzeugnis- beziehungsweise Leistungsgruppen des Endprodukts korrigiert. Andererseits wurde zur besseren Vergleichbarkeit mit den in der Planung angewendeten Verflechtungsberechnungen die Neuberechnung auf der Basis der Verflechtungsbilanz zu Erzeugerabgabepreisen (EAP) vorgenommen, die in der höchsten volkswirtschaftlichen Aggregation die Verflechtung von 13 Erzeugnishauptgruppen der materiellen Produktion umfaßt, während die ursprünglichen Berechnungen auf der Verflechtungsbilanz zu Endverbraucherpreisen (EVP) basieren.[11]

Ein Teil dieser Forschungsergebnisse wurde zusammen mit einer ausführlichen Erläuterung der Berechnungsmethoden bereits in einem gesonderten Bericht des Zentralinstituts für Wirtschaftswissenschaften einem kleineren Interessentenkreis vorgelegt.[12] Außerdem wurde auch die Zuordnung der Arbeitskräfte und der Grundfonds der materiellen Produktion neu berechnet sowie zusätzlich die Verteilung der Arbeitskräfte und Grundfonds der nichtmateriellen Bereiche auf die Bedürfniskomplexe ermittelt.[13]

Der mit diesen Berechnungen gewonnene umfassende quantifizierte Nachweis der direkten und indirekten Strukturzusammenhänge der gesellschaftlichen Produktion mit der Bedürfnisbefriedigung der Bevölkerung nach Produktionsbereichen und Bedürfniskomplexen vermittelt vor allem tiefere qualitative und quantitative Einsichten über die Rolle, die wichtige volkswirtschaftliche Grundproportionen bei diesen Strukturzusammenhängen spielen. Bevor im folgenden auf die analytische Auswertung näher eingegangen wird, ist noch eine prinzipielle Bemerkung zu den vorliegenden zahlenmäßigen Ergebnissen erforderlich. Wie alle statistischen Kennziffern widerspiegeln auch sie die konkreten Produktions-, Distributions-, Zirkulations- und Konsumtionsbedingungen sowie die angewendete Abrechnungsmethodik in dem betreffenden Zeitabschnitt. Das relativiert zwar die Aussagen, verhindert aber nicht die Möglichkeit, allgemeingültige Feststellungen zu treffen, denn die hier behandelten makroökonomischen Beziehungen weisen bekanntlich in der Regel eine verhältnismäßig große Konstanz über mehrere Jahre hinweg auf. Darüber hinaus gibt es selbstverständlich auch Bedingtheiten in der Aussage, die auf die angewendeten Berechnungsverfahren zurückzuführen sind. Auf sie wird bei der Behandlung der betreffenden Kennziffern noch hingewiesen werden.

2.1. Zur Analyse der Struktur des End- und Bruttoprodukts nach Bedürfniskomplexen

Die Tabellen 1 und 2 geben eine zusammenfassende Übersicht, wie sich das nach 13 Erzeugnishauptgruppen gegliederte volkswirtschaftliche Endprodukt der DDR vom Jahr 1968 auf 12 Bedürfniskomplexe der Konsumtion sowie auf die Konsumtion und die Investitionen insgesamt verteilt.

Die Verteilung des Endprodukts für die Konsumtion nach Bedürfniskomplexen wurde anhand der 82 Erzeugnisgruppen der detaillierten Verflechtungsbilanz eingeschätzt - entweder durch ihre direkte Zuordnung zu bestimmten Bedürfniskomplexen oder durch Ermittlung ihrer anteilmäßigen Verteilung auf mehrere Bedürfniskomplexe nach verschiedenen Schlüsseln, wobei teilweise bis auf Erzeugnisse zurückgegangen wurde. In den Erzeugnisgruppen des volkswirtschaftlichen Endprodukts sind natürlich auch importierte Erzeugnisse enthalten, soweit sie unmittelbar konsumiert oder investiert werden (zum Beispiel Schuhe, Südfrüchte, Fahrzeuge); die exportierten Enderzeugnisse (Konsum- und Investitionsgüter) sind jedoch nicht in diesen Tabellen erfaßt.

Das in die Bedürfniskomplexe der Konsumtion einfließende Endprodukt besteht aus materiellen Erzeugnissen und materiellen Diensten (Verkehr, Nachrichten, Handel) für die individuelle und gesellschaftliche Konsumtion, die entweder unmittelbar für die Befriedigung der betreffenden Bedürfnisse verwendet werden oder mittelbar, gewissermaßen als "Hilfsmaterial der Konsumtion", die Bedürfnisbefriedigung sichern helfen. Die eingeschätzte Verteilung des Endprodukts nach Bedürfniskomplexen bildete die Grundlage zur Berechnung der entsprechenden Verteilung des gesellschaftlichen Gesamtprodukts beziehungsweise des Bruttoprodukts der Volkswirtschaft, die aus den Tabellen 3 und 4 ersichtlich ist.

Tabelle 1

Verteilung des volkswirtschaftlichen Endprodukts der DDR im Jahr 1968
(Struktur der Erzeugnishauptgruppen nach Bedürfniskomplexen, in Prozent)

Lfd. Nr.	Erzeugnis-hauptgruppe	Ernährung	Bekleidung	Wohnung	Hauswirtschaft[4]	Körperpflege	Gesundheitswesen	Kultur/Information
		1	2	3	4	5	6	7
1	Energie, Brennstoffe, Wasser	-	-	50, 2[3]	5, 5	-	2, 4	1, 4
2	Chemie	0, 4	0, 8	-	46, 0	4, 6	25, 6	3, 0
3	Metallurgie	-	-	-	8, 6	-	-	-
4	Maschinen- und Fahrzeugbau	-	-	0, 9	12, 0	-	0, 1	0, 1
5	Elektrotechnik/ Elektronik	-	-	0, 9	2, 6	-	1, 7	22, 6[5]
6	Baumaterial	-	-	35, 6	-	-	1, 5	0, 9
7	Leichtindustrie	-	55, 3	14, 0	14, 6	-	0, 5	6, 5
8	Lebensmittelindustrie	99, 6	-	-	0, 4	-	-	-
9	Bauwirtschaft	-	-	13, 9	-	-	0, 6	0, 4
10	Land- und Forstwirtschaft	98, 0	-	-	1, 1	-	-	-
11	Verkehrs- und Nachrichtenleistungen	-	-	-	-	-	-	-
12	Handelsleistungen	43, 7[1]	19, 7	4, 7	14, 1	0, 4	1, 5	4, 5
13	Sonstige Erzeugnisse und Leistungen	-	30, 6[2]	-	-	-	0, 6	0, 3
Endprodukt insgesamt		35, 2	9, 4	5, 9	7, 5	0, 2	1, 5	2, 7

1 Enthält auch Leistungen der Gaststätten.

2 Hauptsächlich Leistungen der Wäschereien, chemischen Reinigungen und Färbereien.

3 Enthält den gesamten Energieverbrauch der Haushalte, da eine Aufteilung in Wohnungs- und Hauswirtschaftsbedarf schlecht einzuschätzen ist.

Bildung/ Wissenschaft	Sport/ Erholung	Transport	Nachrichten	Übrige Bedürfnisse	Konsumtion insgesamt	Investitionen	Konsumtion und Investitionen insgesamt
8	9	10	11	12	13	14	15
9,5	1,0	-	-	30,1	100	-	100
0,4	0	17,8[6]	-	0,1	98,8	1,2	100
-	-	-	-	-	8,6	91,4	100
0,2	0,4	11,9[7]	-	1,5	27,0	73,0	100
5,6	0	2,9	-	2,4	38,6	61,4	100
6,1	0,6	-	-	19,2	63,9	36,1	100
4,2	0,3	-	-	1,4	96,9	3,1	100
-	-	-	-	-	100	-	100
2,4	0,2	-	-	7,5	24,9	75,1	100
-	-	-	-	-	99,1	0,9	100
-	-	74,8	25,2	-	100	-	100
1,6	0,3	8,1	-	1,4	100	-	100
2,3	0,2	-	-	7,3	41,4	58,6	100
1,7	0,2	5,8	0,8	2,7	73,5	26,5	100

4 Unter anderem alle Geräte und Hilfsmittel für Nahrungszubereitung, Pflege der Bekleidung, Wohnung, Fahrzeuge sowie für andere hauswirtschaftliche Tätigkeiten.

5 Unter anderem Fernseh- und Rundfunkempfänger, Tonbandgeräte, Plattenspieler.

6 Hauptsächlich Kraftstoffe.

7 Unter anderem Fahrzeuge (Pkw, Motorräder, Fahrräder) für den individuellen Bedarf sowie Ersatzteile.

Tabelle 2

Verteilung des volkswirtschaftlichen Endprodukts der DDR im Jahr 1968 (Struktur der Bedürfniskomplexe nach Erzeugnishauptgruppen, in Prozent)

Lfd. Nr.	Erzeugnis-hauptgruppe	Er-näh-rung	Be-klei-dung	Woh-nung	Haus-wirt-schaft	Kör-per-pfle-ge	Gesund-heits-wesen	Kultur/ Infor-mation
		1	2	3	4	5	6	7
1	Energie, Brenn-stoffe, Wasser	-	-	23,1	2,0	-	4,3	1,4
2	Chemie	0	0,3	-	24,0	81,6	67,1	4,3
3	Metallurgie	-	-	-	0,3	-	-	-
4	Maschinen- und Fahrzeugbau	-	-	2,3	24,6	-	1,0	0,3
5	Elektrotechnik/ Elektronik	-	-	0,8	1,8	-	5,9	43,7
6	Baumaterial	-	-	1,7	-	-	0,3	0,1
7	Leichtindustrie	-	73,7	30,0	24,7	-	4,5	30,1
8	Lebensmittel-industrie	70,7	-	-	1,4	-	-	-
9	Bauwirtschaft	-	-	33,5	-	-	5,6	1,9
10	Land- und Forstwirt-schaft	15,8	-	-	0,8	-	-	-
11	Verkehrs- und Nach-richtenwesen	-	-	-	-	-	-	-
12	Handelsleistungen	13,5	22,6	8,6	20,4	18,4	10,9	18,1
13	Sonstige Erzeugnisse und Leistungen	-	3,4	-	-	-	0,4	0,1
Endprodukt insgesamt		100	100	100	100	100	100	100

Bildung/ Wissen- schaft	Sport/ Erho- lung	Trans- port	Nach- richten	Übrige Bedürf- nisse	Konsum- tion ins- gesamt	Investi- tionen	Konsumtion und Investi- tionen ins- gesamt
8	9	10	11	12	13	14	15
15, 3	13, 4	-		30, 1	3, 7	-	2, 7
0, 9	0, 7	12, 0		0, 1	5, 2	0, 2	3, 9
-	-	-		-	0, 0	1, 0	0, 3
1, 8	27, 7	31, 5		8, 6	5, 6	42, 1	15, 3
17, 5	0, 5	2, 7		4, 6	2, 8	12, 1	5, 2
1, 0	0, 9	-		2, 0	0, 2	0, 4	0, 3
31, 5	21, 4	-		6, 6	16, 6	1, 4	12, 6
-	-	-		-	34, 0	-	25, 0
20, 0	17, 5	-		39, 4	4, 8	40, 2	14, 2
-	-	-		-	7, 6	0, 2	5, 7
-	-	38, 7	100	-	4, 1	-	3, 0
10, 5	16, 5	15, 2		5, 8	14, 7	-	10, 8
1, 4	1, 3	-		2, 8	0, 6	2, 3	1, 0
100	100	100	100	100	100	100	100

Tabelle 3

Verteilung des volkswirtschaftlichen Bruttoprodukts der DDR im Jahr 1968 (Struktur der Erzeugnishauptgruppen nach Bedürfniskomplexen, in Prozent)

Lfd. Nr.	Erzeugnis-hauptgruppe	Er-näh-rung	Be-klei-dung	Woh-nung	Haus-wirt-schaft	Kör-per-pfle-ge	Gesund-heits-wesen	Kultur/ Infor-mation
		1	2	3	4	5	6	7
1	Energie, Brenn-stoffe, Wasser	18,0	6,4	19,5	8,3	0,3	2,6	2,3
2	Chemie	23,8	9,0	4,2	18,7	1,5	8,5	2,9
3	Metallurgie	11,3	3,5	4,8	7,9	0,1	1,0	3,3
4	Maschinen- und Fahrzeugbau	11,4	2,6	3,0	9,9	0,1	0,5	0,9
5	Elektrotechnik/ Elektronik	7,5	1,9	2,4	4,8	0	1,4	14,4
6	Baumaterial	9,0	2,2	13,9	1,9	0,1	0,9	0,9
7	Leichtindustrie	9,0	42,4	11,7	12,7	0,1	0,9	5,5
8	Lebensmittel-industrie	98,3	0,4	0,1	0,6	0	0,1	0,1
9	Bauwirtschaft	2,3	0,7	13,3	0,5	0	0,6	0,5
10	Land- und Forst-wirtschaft	92,5	2,7	0,8	1,6	0	0,1	0,4
11	Verkehrs- und Nach-richtenwesen	23,8	6,4	4,3	5,2	0,2	1,0	1,7
12	Handelsleistungen	42,4	15,5	4,7	11,8	0,3	1,6	3,8
13	Sonstige Erzeugnisse und Leistungen	14,5	20,0	3,1	2,6	0,1	0,9	1,1
Bruttoprodukt insgesamt		37,8	8,5	5,6	6,9	0,2	1,3	2,5

Bildung/ Wissen-schaft	Sport/ Erholung	Transport	Nachrichten	Übrige Bedürfnisse	Konsumtion insgesamt	Investitionen	Konsumtion und Investitionen insgesamt
8	9	10	11	12	13	14	15
4,1	0,4	5,6	0,9	11,1	79,4	20,6	100
1,4	0,1	9,3	0,7	1,6	81,8	18,2	100
1,6	0,2	7,4	0,5	3,0	44,6	55,4	100
0,7	0,3	10,1	0,5	2,2	42,1	57,9	100
3,9	0,1	5,8	0,6	2,5	45,2	54,8	100
2,5	0,3	1,8	0,3	7,4	41,0	59,0	100
3,5	0,3	1,6	0,2	1,7	89,6	10,4	100
0	0	0,1	0	0	99,7	0,3	100
2,3	0,2	0,7	0,2	7,1	28,5	71,5	100
0,2	0	0,2	0	0,1	98,6	1,3	100
1,1	0,1	26,5	8,0	2,0	80,2	19,8	100
1,5	0,2	7,3	0,3	1,7	91,1	8,9	100
2,0	0,2	2,2	0,3	5,6	52,5	47,5	100
1,6	0,2	5,2	0,6	2,5	72,9	27,1	100

Tabelle 4

Verteilung des volkswirtschaftlichen Bruttoprodukts der DDR im Jahr 1968 (Struktur der Bedürfniskomplexe nach Erzeugnishauptgruppen, in Prozent)

Lfd. Nr.	Erzeugnis-hauptgruppe	Er-näh-rung	Be-klei-dung	Woh-nung	Haus-wirt-schaft	Kör-per-pfle-ge	Gesund-heits-wesen	Kultur/ Infor-mation
		1	2	3	4	5	6	7
1	Energie, Brenn-stoffe, Wasser	2, 6	4, 1	19, 5	6, 7	8, 7	10, 7	5, 2
2	Chemie	4, 6	7, 8	5, 6	20, 1	57, 0	46, 7	8, 7
3	Metallurgie	2, 2	3, 0	6, 4	8, 4	4, 4	5, 7	9, 8
4	Maschinen- und Fahrzeugbau	4, 0	4, 0	7, 2	19, 4	4, 4	5, 3	4, 7
5	Elektrotechnik/ Elektronik	0, 9	1, 0	2, 0	3, 3	1, 2	4, 8	27, 5
6	Baumaterial	0, 3	0, 3	3, 4	0, 4	0, 4	1, 0	0, 5
7	Leichtindustrie	2, 7	56, 2	23, 8	21, 0	4, 6	7, 6	25, 2
8	Lebensmittel-industrie	44, 1	0, 8	0, 4	1, 6	0, 7	0, 7	0, 4
9	Bauwirtschaft	0, 5	0, 7	20, 2	0, 6	0, 7	4, 1	1, 8
10	Land- und Forst-wirtschaft	26, 8	3, 5	1, 6	2, 5	0, 9	1, 0	1, 7
11	Verkehrs- und Nach-richtenwesen	2, 8	3, 3	3, 4	3, 4	3, 8	3, 3	3, 1
12	Handelsleistungen	8, 0	13, 0	6, 0	12, 3	12, 8	8, 6	11, 0
13	Sonstige Erzeugnisse und Leistungen	0, 4	2, 2	0, 5	0, 4	0, 4	0, 6	0, 4
Bruttoprodukt insgesamt		100	100	100	100	100	100	100

Bildung/ Wissenschaft	Sport/ Erholung	Transport	Nachrichten	Übrige Bedürfnisse	Konsumtion insgesamt	Investitionen	Konsumtion und Investitionen insgesamt
8	9	10	11	12	13	14	15
14,4	13,2	6,0	7,4	24,2	6,1	4,2	5,6
6,4	5,6	13,2	7,9	4,7	8,2	4,9	7,3
7,6	9,5	10,5	5,7	8,6	4,5	15,0	7,3
6,4	21,9	26,1	9,5	11,4	7,7	28,7	13,4
11,7	2,8	5,3	4,2	4,6	2,9	9,5	4,7
2,2	2,0	0,5	0,6	4,0	0,8	3,0	1,4
25,3	18,0	3,5	3,5	7,7	13,9	4,4	11,3
0,4	0,3	0,2	0,2	0,2	23,2	0,2	17,0
12,5	11,0	1,2	2,1	23,8	3,3	22,4	8,5
1,7	1,2	0,4	0,3	0,6	14,8	0,5	11,0
3,1	3,4	22,7	55,3	3,4	4,9	3,2	4,4
7,0	9,8	10,1	2,8	4,7	8,9	2,4	7,1
1,2	1,1	0,4	0,4	2,1	0,7	1,7	0,9
100	100	100	100	100	100	100	100

Die Berechnung erfolgte mit Hilfe der von der Zentralverwaltung für Statistik ermittelten Koeffizienten des vollen Aufwands an Bruttoprodukt für das Endprodukt der hochaggregierten Verflechtungsbilanz der 13 Erzeugnishauptgruppen, und zwar nach den üblichen Formeln für Verflechtungsbilanzberechnungen:

$$B \cdot Y^{(BK)} = X^{(BK)}. \qquad (1)$$

Dabei bedeuten:

B - Koeffizientenmatrix des vollen Aufwands an Bruttoprodukt je Einheit Endprodukt nach Erzeugnishauptgruppen; inverse Matrix der direkten Aufwandskoeffizienten: $B = (E-A)^{-1}$;

$Y^{(BK)}$ - Matrix der Verteilung des Endprodukts nach Erzeugnisgruppen auf die Bedürfniskomplexe;

$X^{(BK)}$ - Matrix der Zuordnung des Bruttoprodukts nach Erzeugnisgruppen zu den Bedürfniskomplexen.

Die Investitionen wurden dabei wie ein besonderer Bedürfniskomplex behandelt, so daß für alle Bedürfniskomplexe der Konsumtion nur der für das Endprodukt direkt und indirekt erforderliche laufende Aufwand an Bruttoprodukt - also außer dem Endprodukt selbst noch der gesamte Materialaufwand (Grund- und Hilfsmaterial sowie entsprechende materielle Dienstleistungen) - erfaßt wurde, das heißt, daß beispielsweise im Bruttoprodukt für den Bedürfniskomplex Wohnung die Investitionen an Wohnungsgrundfonds oder für den Ernährungskomplex die Bau- und Ausrüstungsinvestitionen der Land- und Nahrungsgüterwirtschaft nicht enthalten sind. Die Außenwirtschaftsbeziehungen wurden saldiert und ebenfalls wie ein gesonderter Bedürfniskomplex behandelt, sind aber in den dargestellten Ergebnissen nicht enthalten. Das den Bedürfniskomplexen zugeordnete Bruttoprodukt ist demzufolge als voller Produktionsbedarf aufzufassen, gleichgültig, ob die betreffenden Erzeugnisse im Inland selbst produziert oder im Austausch gegen Exporte importiert werden.

Aus den Tabellen 1 und 3 ergeben sich aufschlußreiche Informationen über grundlegende Verwendungsproportionen des volkswirtschaftlichen End- und Bruttoprodukts, denen bisher nur wenig Aufmerksamkeit gewidmet wurde, die aber für die heutigen Überlegungen zum künftigen langfristigen Produktionswachstum der Volkswirtschaft sehr bedeutend sein dürften. Es zeigt sich, daß auch bei dem hohen Entwicklungsstand, der 1968 in der allseitigen Bedürfnisbefriedigung der Bevölkerung in der DDR schon zu verzeichnen war, der weitaus größte Anteil der materiellen Produktion der Volkswirtschaft der Befriedigung der Ernährungs-, Bekleidungs-, Wohnungs- und Hauswirtschaftsbedürfnisse diente. Nur ein geringer Anteil entfiel auf alle übrigen Bedürfniskomplexe, zu denen vor allem die heute besonders "dynamischen" Bedürfnisse wie Bildung, Kommunikation und Gesundheitswesen gehören. In der in Tabelle 5 dargestellten Zusammenfassung kommt das sehr deutlich zum Ausdruck.

Tabelle 5

Verteilung des End- und Bruttoprodukts der DDR im Jahr 1968
(Anteile der Bedürfniskomplexe, in Prozent)

	Ernährung, Bekleidung, Wohnung und Hauswirtschaft	Alle übrigen Bedürfniskomplexe der Konsumtion	Investitionen
Endprodukt	58, 0	15, 6	26, 5
Bruttoprodukt	58, 8	14, 1	27, 1

Die Bedürfniskomplexe Ernährung, Bekleidung, Wohnung und Hauswirtschaft beanspruchen einen mehr als viermal so hohen Anteil des gesellschaftlichen Gesamtprodukts wie alle anderen Bedürfniskomplexe der Konsumtion (also Gesundheitswesen, Bildung, Kultur, Kommunikation usw.) zusammengenommen. Dabei ist das durch die zuletzt genannte Gruppe von Bedürfniskomplexen beanspruchte End- und Bruttoprodukt (für den laufenden Verbrauch - ohne Investitionen) noch nicht einmal halb so groß wie das für den Ernährungskomplex und auch wesentlich kleiner als das für die gesamten volkswirtschaftlichen Investitionen erforderliche End- und Bruttoprodukt.[14]

Mit dem raschen Produktionswachstum und dem dadurch steigenden materiellen Lebensstandard der Bevölkerung kommt es bei zahlreichen Konsumgütern zu relativen (das heißt im Verhältnis zu den Preisen und Einkommen) und auch absoluten Bedarfssättigungen. In der Regel zeigen sie sich zuerst bei den Grundnahrungsmitteln[15], treten aber auch bei anderen "traditionellen" Konsumgütern (Hausrat, bestimmte Textilien und anderen) in Erscheinung und führen dazu, daß ein relativ großes und anteilmäßig zunehmendes Volumen der gesellschaftlichen Produktion (vor allem für die Bedürfniskomplexe Ernährung, Bekleidung, Wohnung und Hauswirtschaft) pro Kopf der Bevölkerung nur noch geringfügig oder überhaupt nicht mehr anwächst. Auf diese Weise eröffnen sich künftig offenbar auch größere Möglichkeiten der Befriedigung anderer materieller Bedürfnisse, insbesondere bei den "dynamischen" Bedürfniskomplexen, ohne daß das gesamte Potential der materiellen Produktion unbedingt weiterhin in dem hohen Tempo wie in den zurückliegenden Planperioden wachsen muß. Allerdings wird das nur in Verbindung mit wesentlichen Umgestaltungen der bestehenden Produktionsstruktur möglich sein.

Unter diesen Gesichtspunkten ist auf volkswirtschaftlicher Ebene bei den verschiedenen Bedürfniskomplexen die Proportion zwischen der Schwerindustrie und der Leicht- und Lebensmittelindustrie besonders interessant. Diese Proportion hatte bekanntlich für die sozialistische Industrialisierung sowohl in der Sowjetunion als auch in den europäischen sozialistischen Ländern eine entscheidende Bedeutung; sie behält sie aber auch für die weitere Vervollkommnung der materiell-technischen Basis der entwickelten sozialistischen Gesellschaft. Die Problematik dieser Proportionen in bezug auf die Bedürfniskomplexe kann ebenfalls in verdichteter Form (nach Angaben der Tabellen 2 und 4) übersichtlicher dargestellt werden. Betrachten wir zunächst in Tabelle 6 die Struktur des Endprodukts.

Tabelle 6

Struktur des volkswirtschaftlichen Endprodukts der DDR im Jahr 1968 (Anteile der Erzeugnishauptgruppen am Endprodukt je Bedürfniskomplex, in Prozent)

	Ernährung	Bekleidung	Wohnung und Hauswirtschaft	Alle übrigen Bedürfniskomplexe der Konsumtion	Investitionen
Schwerindustrie[1]	0	0,3	41,8	46,9	55,9
Leicht- und Lebensmittelindustrie	70,7	73,7	27,8	10,5	1,5
Bauwirtschaft	-	-	14,7	10,1	40,2
Land- und Forstwirtschaft	15,8	-	0,5	-	0,2
Materielle Dienste[2]	13,4	26,0	15,2	32,4	2,3
Insgesamt	100,0	100,0	100,0	100,0	100,0

1 Umfaßt die Erzeugnishauptgruppen Energie/Brennstoffe, Chemie, Metallurgie, Maschinen- und Fahrzeugbau, Elektrotechnik/Elektronik, Baumaterial.

2 Umfaßt Verkehrs- und Nachrichtenleistungen, Handelsleistungen, sonstige Erzeugnisse und Leistungen.

Hier wird deutlich, daß die Leicht- und Lebensmittelindustrie, das heißt die traditionelle Konsumgüterindustrie, lediglich bei den Bedürfniskomplexen Ernährung und Bekleidung die maßgebende Rolle spielt, während bei den anderen Bedürfniskomplexen die Schwerindustrie die überwiegenden Anteile des Endprodukts für die Konsumtion liefert. Aus der Tabelle 2 (Spalte 13) läßt sich berechnen, daß immerhin fast ein Viertel aller industriellen Enderzeugnisse für die Konsumtion aus den Zweigen der Schwerindustrie stammt und das Übergewicht der Leicht- und Lebensmittelindustrie allein auf die Bedürfniskomplexe Ernährung und Bekleidung zurückzuführen ist. Das zeigt auch, daß die Schwerindustrie heute einen bedeutenden Platz in der Produktion der Abteilung II der Volkswirtschaft der DDR einnimmt. Der Anteil der Schwerindustrie an der Produktion der Abteilung II ist in Wirklichkeit noch größer, da auch die hier nicht erfaßten Investitionen in den nichtproduzierenden Bereichen, die ebenfalls durch die Produktion der Abteilung II realisiert werden, zu berücksichtigen sind.

Noch bedeutend größer sind die Anteile der Schwerindustrie am Bruttoprodukt für die einzelnen Bedürfniskomplexe, denn aus der Schwerindustrie stammen auch in beträchtlichem Maße die Materialbezüge der Leicht- und Lebensmittelindustrie, der Bauwirtschaft, der Land- und Forstwirtschaft sowie der Bereiche der materiellen Dienste. Das bestätigt die Tabelle 7 über die Struktur des Bruttoprodukts, die analog zur vorhergehenden Übersicht über das Endprodukt zusammengestellt wurde.

Tabelle 7

Struktur des volkswirtschaftlichen Bruttoprodukts der DDR im Jahr 1968 (Anteile der Erzeugnishauptgruppen am Bruttoprodukt je Bedürfniskomplex, in Prozent)

	Ernährung	Bekleidung	Wohnung und Hauswirtschaft	Alle übrigen Bedürfniskomplexe der Konsumtion	Investitionen
Schwerindustrie	14,7	20,3	51,9	58,5	65,3
Leicht- und Lebensmittelindustrie	46,8	57,0	23,2	11,4	4,6
Bauwirtschaft	0,5	0,7	9,4	7,1	22,4
Land- und Forstwirtschaft	26,8	3,5	2,1	0,9	0,5
Materielle Dienste	11,2	18,5	13,3	22,1	7,2
Insgesamt	100,0	100,0	100,0	100,0	100,0

Beim Bruttoprodukt ist ebenso wie beim Endprodukt eine sehr starke Differenzierung der Proportionen von Schwerindustrie sowie Leicht- und Lebensmittelindustrie zwischen den verschiedenen Bedürfniskomplexen festzustellen. Während für den Durchschnitt der Konsumtion und der Investitionen insgesamt die Relation der Anteile $\frac{\text{Erzeugnisse der Schwerindustrie}}{\text{Erzeugnisse der Leicht- und Lebensmittelindustrie}}$

etwa 1, 4 beträgt, ergeben sich für die verschiedenen Bedürfniskomplexe folgende Relationen:

Ernährung und Bekleidung	0, 3 bis 0, 4
Wohnung und Hauswirtschaft	2, 2
Alle übrigen Bedürfniskomplexe der Konsumtion	5, 1
Investitionen	14, 2

Diese Relationen geben zu erkennen, daß der bedeutendste Einfluß auf die volkswirtschaftliche Gesamtproportion von Schwerindustrie und Leicht- und Lebensmittelindustrie von der Investitionsrate beziehungsweise Konsumtionsrate des Endprodukts ausgeht. Je höher die Investitionsrate und je niedriger damit die Konsumtionsrate ist, um so mehr muß sich die Produktion der Schwerindustrie gegenüber der Leicht- und Lebensmittelindustrie vergrößern. Aber auch bei gleichbleibender Investitionsrate - sie ist zur Zeit für die Volkswirtschaft der DDR die charakteristische Tendenz - muß sich der Anteil der Schwerindustrie an der gesamten Industrie vergrößern, wenn der Anteil der Bedürfniskomplexe Ernährung und Bekleidung an der Konsumtion abnimmt, wie es sich gegenwärtig bereits abzeichnet und in Zukunft noch mehr der Fall sein wird. Die Analyse der Produktionsstruktur nach Bedürfniskomplexen zeigt ziemlich eindeutig, daß sich aus den heute abschätzbaren Entwicklungstendenzen der Konsumtionsstruktur zwangsläufig ein weiterhin vorrangiges Wachstum der Schwerindustrie ergeben muß.[16] Die Notwendigkeit des weiterhin schnellen Entwicklungstempos der Schwerindustrie ist auch auf dem XXIV. Parteitag der KPdSU betont worden. "Auch unter den derzeitigen Bedingungen behält das hohe Entwicklungstempo der Schwerindustrie seine volle Bedeutung"[17], erklärte L. I. Breshnew.

Aus diesen Gründen wäre es völlig verfehlt anzunehmen, daß sich mit der Tendenz zur Annäherung der Wachstumstempi der Abteilungen I und II das Wachstumstempo der Schwerindustrie gegenüber dem der Leicht- und Lebensmittelindustrie ebenfalls verringern würde.[18] Die Schwerindustrie ist nicht mit der sogenannten "Gruppe A" der Industrie und erst recht nicht mit der Abteilung I der materiellen Produktion identisch. Im Gegenteil. Der Anteil der Schwerindustrie an der "Gruppe B" und damit auch an der Abteilung II ist, wie schon gezeigt wurde, bereits heute ziemlich umfangreich und wird sich in Zukunft noch mehr vergrößern. Anhand der hier analysierten Proportionen läßt sich mit einer hohen Wahrscheinlichkeit feststellen, daß die Tendenz zur Annäherung der Wachstumstempi der Abteilungen I und II auf Grund der zu erwartenden Veränderungen der Konsumtionsstruktur sogar mit einer weiteren Beschleunigung des Wachstums der Schwerindustrie gegenüber der Leicht- und Lebensmittelindustrie verbunden sein wird.

2.2. Zur Analyse der Struktur der Arbeitskräfte nach Bedürfniskomplexen

Auf der Basis der Verteilung des Bruttoprodukts nach Erzeugnishauptgruppen auf die Bedürfniskomplexe wurde die Verteilung der Arbeitskräfte der materiellen Produktion auf die Bedürfniskomplexe berechnet (vgl. Tabelle 8). Das geschah mit Hilfe der von der Staatlichen Zentralverwaltung für Statistik ermittelten Koeffizienten der Arbeitskräfteintensität je Einheit des Bruttoprodukts der Erzeugnishauptgruppen entsprechend der Formel:

$$C^D \cdot X^{(BK)} = Z^{(BK)} \qquad (2)$$

oder

$$C^D \cdot B \cdot Y^{(BK)} = Z^{(BK)}.$$

Dabei bedeuten:

C^D - Diagonalmatrix der Koeffizienten der Arbeitskräfteintensität je Einheit des Bruttoprodukts nach Erzeugnisgruppen;

$Z^{(BK)}$ - Matrix der Zuordnung der Arbeitskräfte nach Erzeugnisgruppen zu den Bedürfniskomplexen.

Ebenso wie bei den Materialkoeffizienten zur Bruttoproduktberechnung wurden auch bei den Arbeitskräftekoeffizienten gleiche Aufwandsrelationen für alle Verwendungszwecke der Erzeugnishauptgruppen angenommen, um die Berechnungen zu vereinfachen, obwohl in Wirklichkeit, zum Beispiel bei der Erzeugnishauptgruppe Chemie, zwischen Düngemitteln für den Ernährungskomplex, Kraftstoffen für den Transportkomplex oder Pharmazeutika für den Komplex Gesundheitswesen erhebliche Unterschiede in den spezifischen Arbeitsaufwendungen bestehen. Nachprüfungen bestätigen aber auch hier, daß durch diese Vereinfachungen bei den von uns analysierten volkswirtschaftlichen Proportionen die Aussagen nicht wesentlich beeinträchtigt werden (häufig kompensieren sich solche obengenannten Aufwandsunterschiede schon durch entgegengesetzte Differenzierungen bei anderen Erzeugnisgruppen).

Zusätzlich zu den Berechnungen über die Zuordnung der Arbeitskräfte der materiellen Produktion zu den Bedürfniskomplexen anhand der Verflechtungsbilanz im Jahr 1968 wurde nach anderen statistischen Unterlagen auch die Zuordnung der Arbeitskräfte der nichtmateriellen beziehungsweise nichtproduzierenden Bereiche zu diesen Bedürfniskomplexen ermittelt. Dabei wurde hauptsächlich von den direkten Verbindungen der einzelnen nichtmateriellen Bereiche mit bestimmten Bedürfniskomplexen ausgegangen; indirekte Verflechtungen sind hier überhaupt nicht berücksichtigt worden. Die Einbeziehung der nichtmateriellen Bereiche ermöglicht erstmals einen quantifizierten Überblick über die Zusammenhänge des gesamten volkswirtschaftlichen Arbeitskräftepotentials mit den Bedürfniskomplexen (vgl. Tabelle 9).

Zu Beginn dieser Analyse muß auf einige wesentliche Unterschiede zwischen der Struktur des Bruttoprodukts und der Arbeitskräfte in der materiellen Produktion hingewiesen werden, die für die Planung der Arbeitskräfte ausgehend von der Bedürfnisentwicklung von Bedeutung sind und bei den einzelnen Bedürfniskomplexen unterschiedlich zur Wirkung kommen. Diese Unterschiede sind auf beträchtliche Differenzierungen des Bruttoprodukts je Beschäftigten[19] zwischen bestimmten Produktionsbereichen beziehungsweise Erzeugnis- und Leistungshauptgruppen zurückzuführen. Das läßt sich am besten aus der in Tabelle 10 angegebenen Gegenüberstellung der Bruttoprodukt- und Arbeitskräftestruktur nach zusammengefaßten Erzeugnishauptgruppen für die Konsumtion und Investitionen insgesamt erkennen.

Tabelle 8

Verteilung der Arbeitskräfte der materiellen Produktion der DDR im Jahr 1968 (Struktur der Bedürfniskomplexe nach Erzeugnishauptgruppen sowie der materiellen Produktion insgesamt nach Bedürfniskomplexen, in Prozent)

Lfd. Nr.	Bedürfniskomplex / Erzeugnishauptgruppen	Ernährung	Bekleidung	Wohnung	Hauswirtschaft	Körperpflege	Gesundheitswesen	Kultur/Information
		1	2	3	4	5	6	7
1	Energie, Brennstoffe, Wasser	1, 8	2, 4	13, 2	4, 5	7, 0	8, 6	3, 3
2	Chemie	2, 6	3, 6	3, 1	11, 0	37, 6	30, 7	4, 5
3	Metallurgie	1, 4	1, 6	4, 0	5, 2	3, 3	4, 2	5, 7
4	Maschinen- und Fahrzeugbau	3, 9	3, 2	6, 9	18, 2	4, 9	5, 9	4, 2
5	Elektrotechnik/ Elektronik	1, 0	0, 9	2, 1	3, 3	1, 4	5, 9	26, 3
6	Baumaterial	0, 4	0, 3	3, 9	0, 4	0, 6	1, 3	0, 5
7	Leichtindustrie	3, 1	54, 0	27, 2	23, 6	6, 3	10, 2	26, 8
8	Lebensmittelindustrie	13, 9	0, 2	0, 1	0, 5	0, 3	0, 2	0, 1
9	Bauwirtschaft	0, 5	0, 5	19, 3	0, 6	0, 8	4, 6	1, 6
10	Land- und Forstwirtschaft	51, 7	5, 6	3, 0	4, 7	2, 1	2, 3	3, 0
11	Verkehrs- und Nachrichtenleistungen	4, 4	4, 3	5, 3	5, 2	7, 0	6, 1	4, 5
12	Handelsleistungen	14, 8	20, 0	11, 0	22, 2	27, 9	18, 7	18, 8
13	Sonstige Erzeugnisse und Leistungen	0, 6	3, 2	0, 9	0, 6	0, 8	1, 3	0, 7
	Arbeitskräfte der materiellen Produktion insgesamt	100, 0	100, 0	100, 0	100, 0	100, 0	100, 0	100, 0
Struktur nach Bedürfniskomplexen:								
	Arbeitskräfte der materiellen Produktion insgesamt	37, 3	10, 1	5, 5	6, 9	0, 2	1, 1	2, 6

Bildung/ Wissen- schaft	Sport/ Erho- lung	Trans- port	Nach- rich- ten	Übrige Bedürf- nisse	Konsum- tion insge- samt	Inve- sti- tio- nen	Konsumtion und Investi- tionen ins- gesamt
8	9	10	11	12	13	14	15
9, 5	8, 7	3, 7	4, 0	17, 3	4, 0	3, 0	3, 7
3, 4	3, 0	6, 7	3, 5	2, 7	4, 5	2, 9	4, 1
4, 6	5, 8	6, 0	2, 8	5, 6	2, 7	9, 8	4, 5
5, 9	20, 2	22, 7	7, 2	11, 4	7, 2	28, 7	12, 7
11, 7	2, 8	5, 0	3, 4	5, 0	2, 9	10, 3	4, 8
2, 5	2, 2	0, 5	0, 6	4, 8	0, 9	3, 6	1, 6
28, 1	20, 1	3, 7	3, 2	9, 3	15, 5	5, 2	12, 9
0, 1	0, 1	0, 1	0, 0	0, 1	7, 1	0, 1	5, 3
11, 7	10, 2	1, 0	1, 6	23, 9	3, 1	22, 5	8, 1
3, 1	2, 3	0, 7	0, 5	1, 3	27, 7	1, 0	20, 9
4, 7	5, 2	32, 4	68, 5	5, 6	7, 4	5, 3	6, 9
12, 6	17, 5	16, 9	4, 1	9, 1	16, 0	4, 5	13, 0
2, 1	1, 9	0, 6	0, 6	3, 8	1, 2	3, 0	1, 6
100, 0	100, 0	100, 0	100, 0	100, 0	100, 0	100, 0	100, 0
1, 6	0, 2	5, 6	0, 8	2, 4	74, 4	25, 6	100, 0

Tabelle 9

Verteilung der Arbeitskräfte der materiellen Produktion und der nichtmateriellen Bereiche der Volkswirtschaft der DDR im Jahr 1968 (in Prozent)

Bedürfniskomplex	Anteil der Bedürfniskomplexe an den Arbeitskräften insgesamt			Verteilung der Arbeitskräfte je Bedürfniskomplex	
	Volkswirtschaft insgesamt	Materielle Produktion	Nichtmaterielle Bereiche	Materielle Produktion	Nichtmaterielle Bereiche
Inlandsbedarf insgesamt	100	100	100	83,0	17,0
davon:					
Investitionen	21,3	25,6	-	100	-
Konsumtion	78,7	74,4	100	78,4	21,6
davon:					
Ernährung	31,0	37,3	-	100	-
Bekleidung	8,4	10,1	-	100	-
Wohnung	5,5	5,5	5,4	83,5	16,5
Hauswirtschaft	6,0	6,9	1,6	95,5	4,5
Körperpflege	0,1	0,2	-	100	-
Gesundheitswesen	5,5	1,1	26,8	17,0	83,0
Kultur/Information	3,1	2,6	5,2	71,4[1]	28,6
Bildung/Wissenschaft	6,7	1,6	31,5	19,9	80,1
Sport/Erholung	0,3	0,2	1,1	45,4	54,6
Transport	4,7	5,6	-	100	-
Nachrichten	0,7	0,8	-	100	-
Übrige Bedürfnisse	6,8	2,4	28,5	29,2	70,8

1 Der hohe Anteil der Arbeitskräfte der materiellen Produktion ergibt sich aus der Zuordnung der Heimelektronikgeräte in diesem Bedürfniskomplex (vgl. Tabelle 1).

Tabelle 10

Vergleich der Bruttoprodukt- und Arbeitskräftestruktur der DDR im Jahr 1968

	Anteile am Volumen für Konsumtion und Investitionen insgesamt (in Prozent)		Bruttoprodukt je Arbeitskraft (relativ zum Durchschnitt der materiellen Produktion
	Bruttoprodukt	Arbeitskräfte	
Grundstoffindustrie[1]	21, 6	13, 9	1, 55
Metallverarbeitende Industrie[2]	18, 1	17, 5	1, 03
Leichtindustrie	11, 3	12, 9	0, 88
Lebensmittelindustrie	17, 0	5, 3	3, 21
Bauwirtschaft	8, 5	8, 1	1, 05
Landwirtschaft	11, 0	20, 9	0, 53
Materielle Dienste	12, 4	21, 5	0, 58
Insgesamt	100	100	1, 00

1 Umfaßt Energie/Brennstoffe/Wasser, Chemie, Metallurgie, Baumaterial.

2 Umfaßt Maschinen- und Fahrzeugbau, Elektrotechnik/Elektronik.

Die wesentlichsten Unterschiede zwischen den Struktureinheiten am Bruttoprodukt und an den Arbeitskräften ergeben sich demnach

- bei der Lebensmittelindustrie, deren Anteil am Bruttoprodukt mehr als dreimal so groß ist wie ihr Arbeitskräfteanteil,
- bei der Grundstoffindustrie, deren Bruttoproduktanteil den Arbeitskräfteanteil um reichlich die Hälfte übersteigt und
- bei der Landwirtschaft sowie den materiellen Diensten, die im Gegensatz zu den vorher genannten Bereichen gegenüber dem Bruttoproduktanteil einen fast doppelt so hohen Arbeitskräfteanteil beanspruchen.

Diese strukturellen Unterschiede treten beim Bedürfniskomplex Ernährung besonders stark in Erscheinung, wie der in Tabelle 11 dargestellte Vergleich bestätigt.

Tabelle 11

Bruttoprodukt- und Arbeitskräftestruktur des Bedürfniskomplexes Ernährung der DDR im Jahr 1968 (Anteil von Erzeugnishauptgruppen an der materiellen Produktion für den Bedürfniskomplex Ernährung insgesamt, in Prozent)

	Bruttoprodukt	Arbeitskräfte
Industrie und Bauwirtschaft insgesamt (ohne Lebensmittelindustrie)	17,9	14,6
Lebensmittelindustrie	44,1	13,9
Landwirtschaft	26,8	51,7
Materielle Dienste	11,2	19,8
Insgesamt	100	100

Der Einfluß auf die Arbeitskräftestruktur der materiellen Produktion beim tendenziellen Zurückbleiben des Ernährungskomplexes im ökonomischen Wachstum ist jedoch geringer als angenommen werden könnte, weil die Lebensmittelindustrie mit dem relativ niedrigen und die Landwirtschaft mit dem relativ hohen Arbeitskräfteanteil gleichermaßen zurückbleiben. Viel stärkere strukturelle Einflüsse dürften dagegen unter diesen Gesichtspunkten von dem verhältnismäßig niedrigen Arbeitskräfteanteil der materiellen Dienste beim Ernährungskomplex zu beachten sein. Fast alle anderen Bedürfniskomplexe haben teilweise bedeutend höhere Arbeitsanteile der materiellen Dienste (vgl. Tabelle 8) aufzuweisen, so beispielsweise:

Kultur/Information	24,0 Prozent
Sport/Erholung	24,6 Prozent
Gesundheitswesen	26,1 Prozent
Bekleidung	27,5 Prozent
Transport	49,9 Prozent
Nachrichten	73,2 Prozent

Deshalb wird mit dem Zurückbleiben des Ernährungskomplexes und dem beschleunigten Wachstum der hier genannten Bedürfniskomplexe notwendigerweise der Anteil der materiellen Dienste an den Gesamtbeschäftigten der materiellen Produktion zunehmen müssen. Hinzu kommt, daß der Anteil dieser Dienste infolge der schnelleren Entwicklung der gesellschaftlichen Speisewirtschaft beim Ernährungskomplex ebenfalls wachsen wird. Dieser objektiv notwendigen Tendenz zum zunehmenden Anteil der Arbeitskräfte für die Dienstleistungen innerhalb der materiellen Produktion könnte nur durch eine stärkere Ausschöpfung der zweifellos noch vorhandenen Effektivitätsressourcen für diese Tätigkeiten mit Hilfe umfassender Rationalisierungsmaßnahmen (die aber auch entsprechende Investitionen erfordern) entgegengewirkt werden.

Die Analyse der Arbeitskräftestruktur unter Einbeziehung der nichtmateriellen Bereiche vermittelt vor allem einen tiefen Einblick in den Zusammenhang der volkswirtschaftlichen Grundproportion zwischen der materiellen Produktion und den nichtmateriellen Bereichen, beziehungsweise zwischen der produzierenden und nichtproduzierenden Sphäre, mit der Bedürfnisbefriedigung. Im Lehrbuch "Politische Ökonomie des Sozialismus" wird bemerkt: "Die Relation zwischen dem produktiven und dem nichtproduktiven Bereich gehört zu den wichtigsten volkswirtschaftlichen Proportionen, sie äußert sich vor allem in der Verteilung der Arbeit auf diese beiden großen Bereiche der Volkswirtschaft."[20] Im gesamtvolkswirtschaftlichen Durchschnitt hat die materielle Produktion, in der 83 Prozent aller Arbeitskräfte beschäftigt sind,[21] einen fast fünfmal so großen Arbeitskräfteanteil wie die nichtmateriellen Bereiche. Das Bild ändert sich grundlegend, wenn die verschiedenen Bedürfniskomplexe betrachtet werden. Hier wird deutlich, daß sich die Arbeitskräfte sowohl der materiellen Produktion als auch der nichtmateriellen Bereiche auf bestimmte Gruppen von Bedürfniskomplexen konzentrieren. Das soll durch die in Tabelle 12 gegebene Übersicht veranschaulicht werden, bei der die im Jahr 1968 vorhandenen 6,4 Millionen Arbeitskräfte der materiellen Produktion und 1,3 Millionen Arbeitskräfte der nichtmateriellen Bereiche[22] anhand der in Tabelle 9 angeführten Prozentanteile nach Bedürfniskomplexen aufgegliedert wurden.

Die Hälfte der für die Befriedigung der Konsumtionsbedürfnisse in der materiellen Produktion beschäftigten Arbeitskräfte wird demnach allein vom Ernährungskomplex (2,39 Millionen) beansprucht. Der überwiegende Teil

Tabelle 12

Verteilung der Arbeitskräfte der Volkswirtschaft der DDR im Jahr 1968 (in 1000 Personen, abgerundet)

Bedürfniskomplexe	Materielle Produktion	Nichtmateriel-le Bereiche	Zusammen
Arbeitskräfte insgesamt	6 400	1 300	7 700
davon:			
Investitionen	1 640	-	1 640
Konsumtion insgesamt	4 760	1 300	6 060
davon:			
(1. Gruppe:) Ernährung	2 390	-	2 390
(2. Gruppe:) Bekleidung	650	-	650
Wohnung und Hauswirtschaft	790	90	880
Transport- und Nachrichtenwesen	410	-	410
(3. Gruppe:) Gesundheitswesen, Körperpflege, Sport/Erholung	100	360	460
Kultur/Information, Bildung/Wissenschaft	270	480	750
Übrige Bedürfnisse	150	370	520

der anderen Hälfte (1, 85 Millionen) konzentriert sich auf die Befriedigung der Bekleidungs-, Wohnungs- und Hauswirtschafts- sowie Kommunikationsbedürfnisse, und nur reichlich 10 Prozent (0, 52 Millionen) der für die Konsumtion in der materiellen Produktion tätigen Arbeitskräfte werden von der dritten Gruppe von Bedürfniskomplexen beansprucht. Dabei ist der Anteil dieser dritten Gruppe an den gesamten Beschäftigten der Volkswirtschaft mit rund 1, 7 Millionen Arbeitskräften nicht viel geringer als der der zweiten Gruppe, die rund 1, 9 Millionen Arbeitskräfte umfaßt; doch 70 Prozent aller Beschäftigten der dritten Gruppe sind in den nichtmateriellen Bereichen tätig. Bei den heute besonders schnell steigenden Bedürfnissen dieser Gruppe von Bedürfniskomplexen muß demzufolge mit einem wachsenden Anteil der nichtmateriellen Bereiche am gesamten Arbeitskräftepotential der Volkswirtschaft gerechnet werden.[23] Aber auch der Anteil der Arbeitskräfte der materiellen Produktion für diese Bedürfniskomplexe wird noch zunehmen müssen (unter der Voraussetzung einer relativ gleichmäßigen Arbeitsproduktivitätssteigerung in allen Bereichen der materiellen Produktion für alle Verwendungszwecke). Bei dem voll ausgenutzten und in nächster Zeit nicht wesentlich erweiterungsfähigen Arbeitskräftepotential der DDR gibt es im Prinzip nur zwei Möglichkeiten, um den objektiven Erfordernissen der Bedürfnisentwicklung gerecht zu werden:

1. Der Arbeitskräfte-Mehrbedarf der nichtmateriellen Bereiche muß durch Freisetzungen aus der materiellen Produktion befriedigt werden, indem ein ständiges schnelleres Tempo der Arbeitsproduktivitätssteigerung gegenüber dem Produktionswachstum verwirklicht wird.

2. Die anteilig zunehmende Beanspruchung von Arbeitskräften der materiellen Produktion durch den besonders schnell wachsenden Bedarf der "dynamischen" Bedürfniskomplexe muß vor allem durch Umverteilung aus den im Wachstum zurückbleibenden Bedürfniskomplexen (in erster Linie dem Ernährungskomplex) gesichert werden.

Die bessere planmäßige Beherrschung dieser Umverteilungsprozesse des volkswirtschaftlichen Arbeitskräftepotentials - die bekanntlich mit großen Problemen der beruflichen Umstellungen, der Altersstruktur der Beschäftigten, des territorialen Austausches und anderer Disponibilitäts- und Mobilitätsprobleme der Arbeitskräfte verbunden sind - setzt noch viel tiefere Analysen der hier nur grob skizzierten Zusammenhänge voraus.

2.3. Zur Analyse der Struktur der Grundfonds nach Bedürfniskomplexen

Die Verteilung der Grundfonds (vgl. Tabelle 13) wurde analog zur Berechnung der Arbeitskräfteverteilung ermittelt, so daß dazu keine weiteren Erläuterungen mehr erforderlich sind. Ebenso wie bei den Arbeitskräften wurden auch die Grundfonds der nichtmateriellen Bereiche in die Betrachtung einbezogen (vgl. Tabelle 14). Aus der in Abbildung 1 dargestellten Graphik, die die Arbeitskräfte- und Grundfondsstruktur größenordnungsmäßig zum Ausdruck bringt, sind einige wesentliche Unterschiede in der volkswirtschaftlichen Verteilung der Arbeitskräfte und Grundfonds nach Bedürfniskomplexen zu erkennen:

1. Der Anteil der nichtmateriellen Bereiche an den gesamten Grundfonds der Volkswirtschaft ist bedeutend größer als ihr Anteil an den Arbeitskräften (nach der zur Zeit üblichen Klassifizierung gehören rund 42 Prozent aller Grundfonds zu den nichtmateriellen beziehungsweise nichtproduzierenden Bereichen, während der Arbeitskräfteanteil nur 17 Prozent beträgt).[24]

2. Im Unterschied zu den Arbeitskräften - die in den nichtmateriellen Bereichen Beschäftigten (hauptsächlich für die Bedürfniskomplexe Gesundheitswesen, Kultur, Bildung/Wissenschaft, Sport/Erholung oder übrige Bedürfnisse) - konzentriert sich bei den nichtproduzierenden Grundfonds die größere Masse auf die Bedürfniskomplexe Wohnung sowie Transport, das heißt, es handelt sich hier um die zur Infrastruktur gehörenden Wohnungsfonds und Verkehrsanlagen.

3. Die Anteile aller anderen Bedürfniskomplexe (außer Wohnung und Hauswirtschaft sowie Transport und Nachrichten) an den gesamten Grundfonds der Volkswirtschaft sind wesentlich geringer als ihre Anteile an den Gesamtbeschäftigten. Während die Bedürfniskomplexe Ernährung und Bekleidung zusammen rund 50 Prozent aller für die Konsumtion beschäftigten Arbeitskräfte umfassen, nehmen diese beiden Bedürfniskomplexe von den für die Konsumtion fungierenden Grundfonds der Volkswirtschaft nur knapp 30 Prozent in Anspruch.

4. Auch die Investitionen haben einen wesentlich geringeren Anteil an den gesamten Grundfonds der Volkswirtschaft als an den Gesamtbeschäftigten (13, 7 Prozent beziehungsweise 21, 3 Prozent).

Durch die Analyse der Strukturanteile der Grundfonds und Arbeitskräfte nach Bedürfniskomplexen werden Beziehungen aufgedeckt, die für die Tendenzen der planmäßigen Verteilung beziehungsweise Umverteilung der Grundfondsinvestitionen sowie der Arbeitskräfteressourcen bei der langfristigen Strukturpolitik eine maßgebliche Bedeutung haben. Das betrifft vor allem die Tatsache, daß es vom Standpunkt ihrer Grundfonds- und Arbeitskräfteanteile besonders "fondsintensive" und besonders "arbeitsintensive" Bedürfniskomplexe gibt und daß in den Zeiträumen der langfristigen Planung für diese Bedürfniskomplexe sehr unterschiedliche Entwicklungstendenzen zu erwarten sein werden. Einen Überblick über diese Relationen gibt der in Tabelle 15 angeführte Vergleich, wobei die Bedürfniskomplexe wie in Tabelle 12 verdichtet wurden. Danach sind die Bedürfniskomplexe Wohnung und Hauswirtschaft sowie Transport und Nachrichten die mit Abstand "fondsintensivsten" Bedürfniskomplexe, während die Bedürfniskomplexe Gesundheitswesen, Sport/Erholung die höchste "Arbeitsintensität" aufzuweisen haben; in beiden Fällen liegen die Gründe dafür hauptsächlich bei den nichtmateriellen Bereichen. Die relativ geringe Fondsausstattung der Arbeitskräfte beziehungsweise relativ hohe Arbeitsintensität der Grundfonds bei den Bedürfniskomplexen Ernährung und Bekleidung einerseits sowie den Bedürfniskomplexen der dritten Gruppe andererseits, die etwa die gleichen Ausmaße haben, sind dagegen bei den ersteren ausschließlich auf die materielle Produktion und bei den letzteren zum großen Teil auch auf die nichtmateriellen Bereiche zurückzuführen.

Sehr interessant ist, daß sich aus den Zusammenhängen dieser Relationen in der Volkswirtschaft insgesamt eine beträchtlich unterdurchschnittliche Grundfondsausstattung der Arbeitskraft beziehungsweise überdurchschnittliche Arbeitsintensität der Grundfonds beim vollen Produktionsaufwand für die Investitionen ergibt.[25] Das würde bedeuten, daß in der Volkswirtschaft insgesamt unter sonst gleichen Bedingungen - das heißt insbesondere ohne Berücksichtigung des technischen Fortschritts und der dadurch steigenden Fondsaus-

Tabelle 13

Verteilung der Grundfonds der materiellen Produktion der DDR im Jahr 1968 (Struktur der Bedürfniskomplexe nach Erzeugnishauptgruppen sowie der materiellen Produktion insgesamt nach Bedürfniskomplexen, in Prozent)

Lfd. Nr.	Bedürfniskomplex / Erzeugnishauptgruppen	Ernährung	Bekleidung	Wohnung	Hauswirtschaft	Körperpflege	Gesundheitswesen	Kultur/Information
		1	2	3	4	5	6	7
1	Energie, Brennstoffe, Wasser	7,9	11,6	45,3	17,9	18,7	23,6	15,8
2	Chemie	6,0	9,4	5,6	23,2	52,9	44,4	11,6
3	Metallurgie	2,1	2,8	4,8	7,3	3,1	4,1	9,7
4	Maschinen- und Fahrzeugbau	2,6	2,4	3,6	11,0	2,0	2,5	3,1
5	Elektrotechnik/ Elektronik	0,5	0,5	0,8	1,6	0,5	1,9	15,1
6	Baumaterial	0,6	0,6	5,1	0,6	0,6	1,4	1,0
7	Leichtindustrie	1,9	36,8	12,9	13,1	2,3	3,9	18,0
8	Lebensmittelindustrie	17,5	0,3	0,1	0,6	0,2	0,2	0,2
9	Bauwirtschaft	0,1	0,2	4,2	0,2	0,1	0,8	0,5
10	Land- und Forstwirtschaft	42,4	5,2	1,9	3,5	1,1	1,2	2,7
11	Verkehrs- und Nachrichtenleistungen	10,7	11,9	10,3	11,5	10,5	9,3	12,2
12	Handelsleistungen	6,0	9,1	3,5	8,2	6,9	4,7	8,4
13	Sonstige Erzeugnisse und Leistungen	1,6	9,1	1,8	1,4	1,3	2,0	1,9
	Grundfonds der materiellen Produktion insgesamt	100,0	100,0	100,0	100,0	100,0	100,0	100,0
Struktur nach Bedürfniskomplexen:								
	Grundfonds der materiellen Produktion insgesamt	35,1	8,4	6,6	7,1	0,2	1,7	202

Bildung/ Wissen- schaft	Sport/ Erho- lung	Trans- port	Nach- rich- ten	Übrige Bedürf- nisse	Konsum- tion insge- samt	Inve- sti- tio- nen	Konsumtion und Investi- tionen ins- gesamt
8	9	10	11	12	13	14	15
36, 0	33, 3	10, 9	8, 3	50, 7	16, 0	13, 4	15, 4
6, 9	6, 2	10, 3	3, 8	4, 3	9, 5	6, 8	8, 8
6, 2	7, 8	6, 1	2, 1	5, 8	3, 9	15, 5	6, 6
3, 4	11, 7	10, 0	2, 2	5, 1	4, 3	19, 4	7, 9
5, 3	1, 3	1, 7	0, 8	1, 8	1, 4	5, 5	2, 4
3, 6	3, 2	0, 5	0, 5	5, 4	1, 3	6, 1	2, 5
14, 7	10, 7	1, 5	0, 9	3, 8	8, 6	3, 2	7, 3
0, 1	0, 1	0, 1	0, 0	0, 1	8, 2	0, 1	6, 2
2, 8	2, 5	0, 2	0, 2	4, 4	0, 8	6, 3	2, 1
2, 2	1, 6	0, 4	0, 2	0, 7	20, 8	0, 9	16, 1
10, 0	11, 2	52, 8	79, 5	9, 2	16, 7	13, 3	15, 9
4, 4	6, 2	4, 5	0, 8	2, 5	5, 9	1, 9	5, 0
4, 5	4, 2	1, 0	0, 7	6, 4	2, 6	7, 7	3, 8
100, 0	100, 0	100, 0	100, 0	100, 0	100, 0	100, 0	100, 0
1, 7	0, 2	8, 0	1, 6	3, 4	76, 4	23, 6	100, 0

Tabelle 14

Verteilung der Grundfonds der materiellen Produktion und der nichtmateriellen Bereiche der Volkswirtschaft der DDR im Jahr 1968 (in Prozent)

Bedürfniskomplexe	Anteil der Bedürfniskomplexe an den Grundfonds insgesamt			Verteilung der Grundfonds je Bedürfniskomplex	
	Volkswirtschaft insgesamt	Materielle Produktion	Nichtmaterielle Bereiche	Materielle Produktion	Nichtmaterielle Bereiche
Inlandsbedarf insgesamt	100	100	100	58,1	41,9
davon:					
Investitionen	13,7	23,6	-	100	-
Konsumtion	86,3	76,4	100	51,4	48,6
davon:					
Ernährung	20,4	35,1	-	100	-
Bekleidung	4,9	8,4	-	100	-
Wohnung	27,9	6,6	57,4	13,8	86,2
Hauswirtschaft	4,1	7,1	-	100	-
Körperpflege	0,1	0,2	-	100	-
Gesundheitswesen	2,4	1,7	3,4	40,7	59,3
Kultur/Information	2,1	2,2	1,8	63,1	36,9
Bildung/Wissenschaft	4,6	1,7	8,5	22,1	77,9
Sport/Erholung	0,4	0,2	0,7	28,0	72,0
Transport	14,3	8,0	23,0	32,4	67,6
Nachrichten	0,9	1,6	-	100	-
Übrige Bedürfnisse	4,1	3,4	5,1	47,9	52,1

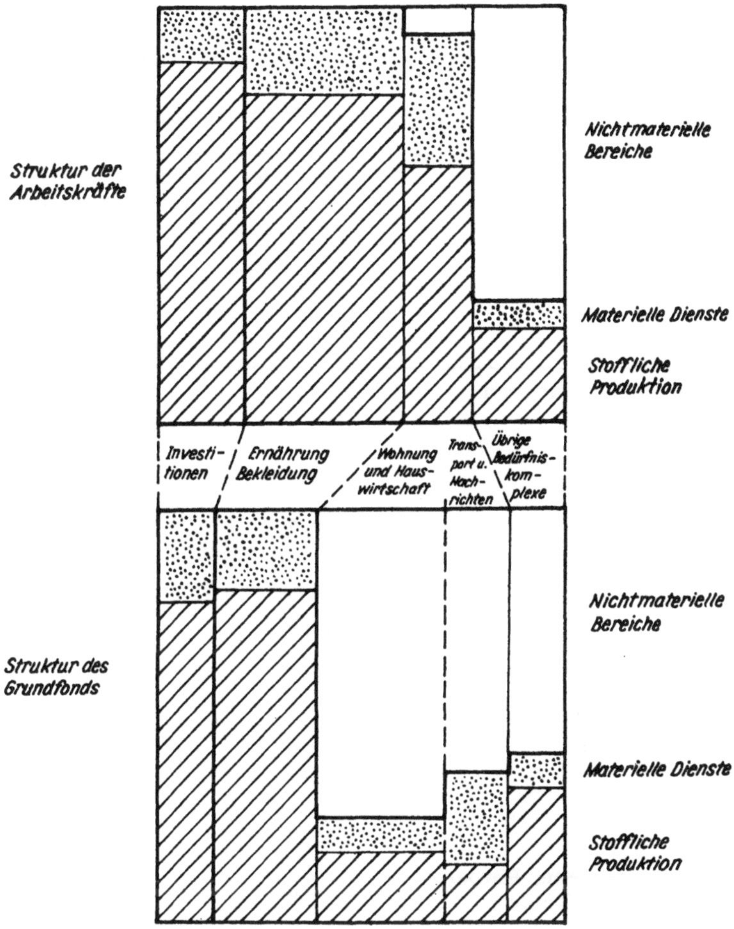

Abb. 1: Struktur der Arbeitskräfte und der Grundfonds in der DDR im Jahr 1968

horizontal: nach zusammengefaßten Bedürfniskomplexen

vertikal: nach zusammengefaßten Erzeugnis- und Leistungsgruppen

Tabelle 15

Relationen der Grundfonds und Arbeitskräfte nach Bedürfniskomplexen der DDR im Jahr 1968
(Materielle und Nichtmaterielle Bereiche der Volkswirtschaft insgesamt)

	Anteil der Bedürfniskomplexe an Konsumtion und Investitionen insgesamt (in Prozent)	
	Grundfonds (GF)	Arbeitskräfte (AK)
Konsumtion und Investitionen insgesamt	100	100
davon:		
Konsumtion	86, 3	78, 7
Investitionen	13, 7	21, 3
davon:		
(1. Gruppe:) Ernährung	20, 4	31, 0
(2. Gruppe:) Bekleidung	4, 9	8, 4
Wohnung und Hauswirtschaft	32, 0	11, 5
(3. Gruppe:) Transport und Nachrichten	15, 2	5, 4
Gesundheitswesen, Körperpflege, Sport/Erholung	2, 9	5, 9
Kultur/Information, Bildung/Wissenschaft	6, 7	9, 8
Übrige Bedürfnisse	4, 1	6, 8

1 reziproke Kennziffer zur relativen Grundfondsausstattung.

Relative Kennziffern der Bedürfniskomplexe zum Durchschnitt von Konsumtion und Investitionen insgesamt		Anteil der Materiellen und Nichtmateriellen Produktion an dem jeweiligen Bedürfniskomplex (in Prozent)	
Grundfondsausstattung der AK	Arbeitsintensität der GF[1]	Materielle Produktion	Nichtmaterielle Bereiche
(abgerundet)			
1,0	1,0	58	42
1,1	0,9	51	49
0,6	1,6	100	-
0,7	1,5	100	-
0,6	1,7	100	-
2,8	0,4	25	75
2,8	0,4	37	63
0,5	2,0	42	58
0,7	1,5	35	65
0,6	1,7	48	52

stattung - bei einer steigenden Konsumtions- und damit sinkenden Investitionsrate die durchschnittliche Ausstattung der Arbeitskräfte mit Grundfonds (der Produktion und der nichtproduzierenden Bereiche zusammen) schneller wachsen muß als bei einer gleichbleibenden Konsumtions- beziehungsweise Investitionsrate. Eine sinkende Investitions- und steigende Konsumtionsrate würde umgekehrt zu einem verlangsamten Wachstum der durchschnittlichen Grundfondsausstattung der Arbeitskräfte in der Volkswirtschaft führen.

Diese widersprüchlichen Tendenzen, die sich auf dem Wege der Abstraktion theoretisch einwandfrei feststellen lassen und die demnach bei solchen ökonomischen Verhältnissen von volkswirtschaftlichen Strukturen, wie sie hier analysiert wurden, tatsächlich existieren, müßten in ihren praktischen Konsequenzen noch sehr gründlich untersucht werden. Sie weisen darauf hin, daß eine sinkende Investitions- und steigende Konsumtionsrate in der Volkswirtschaft mit objektiv notwendigen Strukturveränderungen verbunden ist, durch die sich die Anteile der Zweige mit einer hohen Grundfondsausstattung der Arbeitskräfte so erhöhen, daß damit zugleich wieder die Tendenz zu einer steigenden Investitionsrate ausgelöst werden kann, wenn nicht entgegenwirkende Faktoren wie steigende Grundfondseffektivität und dergleichen diese Tendenz kompensieren. Umgekehrt könnten bei einer steigenden Investitions- und sinkenden Konsumtionsrate und den damit verbundenen Strukturveränderungen in der Volkswirtschaft infolge des verlangsamten Wachstums der durchschnittlichen Grundfondsausstattung der Arbeitskräfte praktisch auch Struktureffekte genutzt werden, die zu einer Entlastung des volkswirtschaftlichen Investitionsfonds tendieren. Ähnliche Struktureffekte - das heißt eine verlangsamt wachsende durchschnittliche Grundfondsausstattung der Arbeitskräfte in der Volkswirtschaft, die zu einer sinkenden Investitionsrate tendiert - ergeben sich auch aus den Strukturveränderungen, die die anteilmäßige Verringerung des Ernährungskomplexes an der Produktion sowie den Grundfonds und Arbeitskräften mit sich bringt. Diese Struktureffekte könnten vielleicht einen ausschlaggebenden Faktor dafür bilden, daß die zuvor erwähnte widersprüchliche Tendenz zum Steigen der Investitionsrate als strukturbedingte Folge ihrer eigenen Verringerung im praktisch ablaufenden realen volkswirtschaftlichen Reproduktionsprozeß kompensiert wird.

Innerhalb der materiellen Produktion ist die Verteilung der besonders grundfondsintensiven Erzeugnishauptgruppen auf die Konsumtion und Investitionen bemerkenswert. Aus den Anteilen der Erzeugnishauptgruppen am Bruttoprodukt und an den Produktionsgrundfonds für die Konsumtion und Investitionen insgesamt (letzte Spalten der Tabellen 4 und 13) läßt sich berechnen, daß die Erzeugnishauptgruppen

Energie, Brennstoffe, Wasser	um das 2,8fache,
Verkehrs- und Nachrichtenleistungen	um das 3,6fache und
Land- und Forstwirtschaft	um das 1,5fache

über der durchschnittlichen Grundfondsintensität der materiellen Produktion liegen.[26] Bei diesen Erzeugnishauptgruppen konzentriert sich auch das Bruttoprodukt bedeutend mehr auf die Konsumtion, als es für die materielle Produktion insgesamt der Fall ist. Während gemäß Tabelle 3 das Bruttoprodukt der materiellen Produktion insgesamt zu 72,9 Prozent für die Konsumtion und zu 27,1 Prozent für die Investitionen bestimmt ist, betragen die entsprechenden Anteile

	für die Konsumtion	für die Investitionen
bei Energie, Brennstoffen, Wasser	79,4 Prozent	20,6 Prozent,
bei Verkehrs- und Nachrichtenleistungen	80,2 Prozent	19,8 Prozent,
bei land- und forstwirtschaftlichen Erzeugnissen	98,6 Prozent	1,3 Prozent.

Daraus erklärt sich hauptsächlich, daß die Grundfondsintensität der materiellen Produktion für die Konsumtion im Durchschnitt um reichlich 20 Prozent höher ist als die für die Investitionen.[27] Nach dieser nur auf die materielle Produktion beschränkten Betrachtung sind die Bedürfniskomplexe Wohnung und Hauswirtschaft sowie Transport und Nachrichten infolge ihrer verhältnismäßig hohen Anteile an den besonders grundfondsintensiven Erzeugnishauptgruppen ebenfalls Bedürfniskomplexe mit einer überdurchschnittlichen Grundfondsintensität.

Aus der Analyse der Grundfondsstruktur nach Bedürfniskomplexen kann man zusammenfassend schlußfolgern, daß sich mit dem tendenziell zurückbleibenden Anteil des Ernährungskomplexes und den gleichzeitig sich verstärkenden Anforderungen an ein beschleunigtes Wachstum des Wohnungs- und des Kommunikationskomplexes die erweiterte Reproduktion der Grundfonds sowohl der materiellen Produktion als auch der nichtmateriellen Bereiche insgesamt beschleunigen muß. Dabei läßt sich aber das stark vorrangige Wachstum der Grundfonds der stofflichen Produktion gegenüber den Grundfonds der materiellen Dienste sowie der nichtmateriellen Sphäre, wie es sich während der sechziger Jahre in der DDR vollzog,[28] nicht in gleichem Maße fortsetzen. Es wird vielmehr ein relativ gleich schnelles Wachstum der Grundfonds in allen diesen großen Sphären beziehungsweise Bereichen der Volkswirtschaft erforderlich werden. Das wird mit erhöhten Investitionsanforderungen - vor allem für die Grundfonds der Infrastruktur - verbunden sein und für die Volkswirtschaft der DDR in den nächsten Entwicklungsabschnitten höchstwahrscheinlich wieder eine Erhöhung der Investitionsrate des Endprodukts und damit auch der Akkumulationsrate des Nationaleinkommens - hauptsächlich zugunsten der nichtproduktiven Akkumulation - erfordern. Der sowjetische Ökonom Mikul'ski hat völlig recht, wenn er schreibt: "Die Erhöhung des Lebensstandards selbst wird immer 'kapitalintensiver'. In der Struktur der Nachfrage erhöht sich der Anteil der Erzeugnisse komplizierter Produktion, und eine Reihe von Funktionen der Hauswirtschaft geht in die gesellschaftliche Dienstleistungssphäre über. Außerdem wächst die Bedeutung der nichtproduktiven Akkumulation bei der Befriedigung der Bedürfnisse der Bevölkerung."[29] Diese Thesen werden durch die vorliegenden Analysen weitgehend bestätigt.

Es erscheint auch sehr fraglich und wäre noch speziell zu untersuchen, ob die sich aus dieser Analyse ergebende bedürfnis- und strukturbedingte Tendenz zur Steigerung der Investitionsrate durch entgegenwirkende Faktoren wie

- die Steigerung der Grundfondseffektivität in den materiellen und nichtmateriellen Bereichen sowie
- die mit der steigenden Investitionsrate selbst wieder auftretende strukturbedingte Tendenz zur Fondsintensitätssenkung im volkswirtschaftlichen Durchschnitt

ausreichend genug kompensiert werden kann.

2.4. Zusammenfassende Bemerkungen

Die Strukturanalysen nach Bedürfniskomplexen führten zu einigen wesentlichen Zusammenhängen und gesetzmäßigen Erscheinungen, die für die weitere Vervollkommnung der Planung der volkswirtschaftlichen Grundproportionen von Bedeutung sind. Trotz der Bedingtheiten für die Aussage der Analysen, auf die zu Beginn dieses Abschnittes und auch in den weiteren Ausführungen hingewiesen wurde, haben die hier getroffenen Feststellungen zu den Proportionen zwischen Schwerindustrie und Leicht- und Lebensmittelindustrie sowie zwischen der materiellen Produktion und den nichtmateriellen Bereichen oder zur Grundfondsstruktur und der damit verbundenen Grundfondsintensität ihre Allgemeingültigkeit. Es ist von vornherein angestrebt worden, in die Betrachtungen nur solche makroökonomischen Größen einzubeziehen, die sowohl nach ihrem Aggregat als auch nach ihrer gegenseitigen Differenzierung so groß sind, daß ihre Proportionen während eines längeren Zeitraums von drei, fünf und mehr Jahren relativ beständig und damit im Strukturwandel wirksam bleiben. Die Graphik (vgl. Abbildung 2) über die Relationen der Grundmittelausstattung der Jahre 1960 und 1970 zwischen den Industriebereichen der DDR (die schon etwas tiefer gegliedert sind als die Erzeugnishauptgruppen in unserer Analyse) bestätigt die relativ hohe und langfristige Beständigkeit solcher Proportionen in der Praxis. Während der zehn Jahre von 1960 bis 1970 haben sich zwischen den neun Industriebereichen der DDR die Relationen der durchschnittlichen Grundmittelausstattung der Arbeitskräfte - die eine bedeutende Beziehung des technischen Fortschritts ist und auf viele volkswirtschaftliche Proportionen einen maßgeblichen Einfluß ausübt - nur unwesentlich verändert, obwohl sich die durchschnittliche Grundfondsausstattung der Industrie um 70 Prozent erhöhte (wird in der Abbildung 2 allerdings stark abgeschwächt widergespiegelt). Es fand lediglich ein Platzwechsel bei der Reihenfolge zwischen der Baumaterialienindustrie und der Lebensmittelindustrie sowie zwischen der Textilindustrie und dem Maschinen- und Fahrzeugbau statt, die in der Größenordnung der Grundmittelausstattung sowieso nahe beieinander liegen.

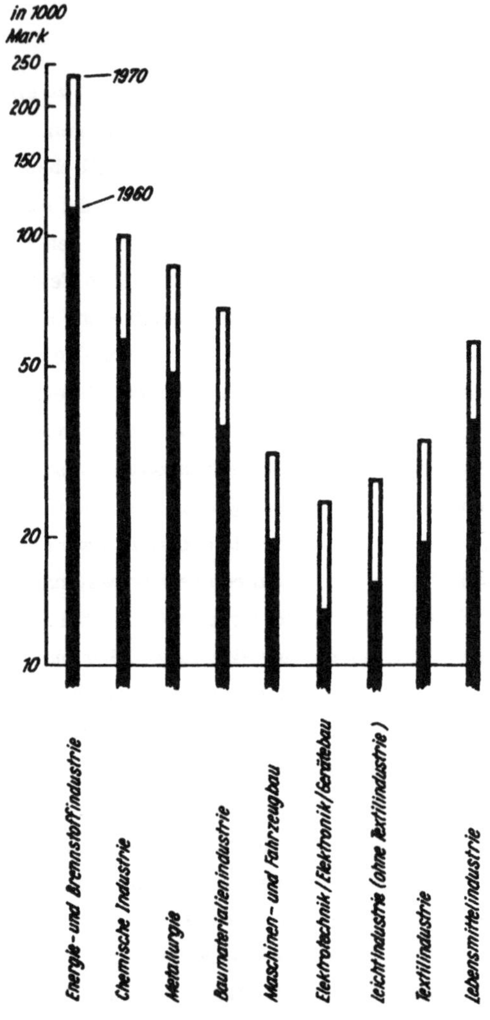

Abb. 2: Relationen der Grundmittelausstattung der Industriebereiche der DDR in den Jahren 1960 und 1970 (logarithmischer Maßstab)

Quelle: Statistisches Jahrbuch der DDR 1972, Berlin 1972, S. 50

Gründlichere Analysen zu den in unseren Aussagen nur angedeuteten möglichen Entwicklungstendenzen sowie über tiefergehende Entwicklungsvergleiche für die Volkswirtschaft der DDR sind bei den im vorliegenden Beitrag betrachteten bedürfnisbezogenen Proportionen erst möglich, wenn anhand der nächsten volkswirtschaftlichen Berichtsverflechtungsbilanz für das Jahr 1972, die sich zur Zeit in Ausarbeitung befindet, ein für den Entwicklungsvergleich geeignetes Zahlenmaterial zusammengestellt werden kann. Auch für internationale Vergleiche dieser Proportionen fehlen zur Zeit noch Voraussetzungen; vor allem muß erst eine größere internationale Vergleichbarkeit der volkswirtschaftlichen Verflechtungsbilanzen hergestellt werden.

ANMERKUNGEN

1 Vgl. Karl Marx, Grundrisse der Kritik der politischen Ökonomie, Berlin 1953, S. 12 - 14.

2 Karl Marx, Kritik des Gothaer Programms, in: Karl Marx/Friedrich Engels, Werke (im folgenden MEW), Bd. 19, Berlin 1962, S. 22.

3 L.I. Breshnew, Rechenschaftsbericht des Zentralkomitees der KPdSU an den XXIV. Parteitag der Kommunistischen Partei der Sowjetunion, Moskau-Berlin 1971, S. 57.

4 Vgl. ebenda, S. 91.

5 Vgl. Zu theoretischen und praktischen Problemen der weiteren Vervollkommnung der Planung der Volkswirtschaft entsprechend den Beschlüssen des VIII. Parteitages der SED (Thesen), in: Wirtschaftswissenschaft, 6/1973, S. 805 - 828; vgl. Grundfragen der Entwicklung und Befriedigung der Bedürfnisse unter dem Aspekt der untrennbaren Einheit von Ziel und Mittel der Hauptaufgabe, in: Sitzungsberichte des Plenums und der Klassen der Akademie der Wissenschaften der DDR, 8/1973, S. 29.

6 Grundfragen der Entwicklung und Befriedigung der Bedürfnisse..., in: Sitzungsberichte des Plenums und der Klassen der Akademie der Wissenschaften der DDR, 8/1973, S. 30.

7 Vgl. Renate Walther, Zu den Wechselbeziehungen zwischen den individuellen Bedürfnissen der Bevölkerung, in: Planung des materiellen und kulturellen Lebensniveaus, 44/1972, S. 32/33 (Schriftenreihe Planung und Leitung der Volkswirtschaft); vgl. Siegfried Stötzer, Zur Rolle der produktiven Bedürfnisse bei der bewußten Ausnutzung des ökonomischen Grundgesetzes des Sozialismus, in: Wirtschaftswissenschaft, 3/1973, S. 369 - 370.

8 Vgl. Günther Manz, Konsumtion in Reproduktion und Planung, in: Einheit, 5/1966, S. 646; vgl. Gerhard Lippold, Zur Systematisierung der Kennziffern des Lebensstandards, in: Beiträge zur Lebensstandardforschung, 19/1967, S. 44/45 (Schriftenreihe Planung und Leitung der Volkswirtschaft); vgl. Alfred Keck, Theoretische Aspekte zur Bestimmung der Kategorie Lebensstandard, ebenda, S. 18; vgl. Heinrich Engels, Zur Entwicklung der Proportion Waren- und Kauffonds und

ihre zentrale Planung, ebenda, S. 81; vgl. Renate Walther, Zu den Wechselbeziehungen zwischen den individuellen Bedürfnissen der Bevölkerung, in: Planung des materiellen und kulturellen Lebensniveaus, 44/1972, S. 41 (Schriftenreihe Planung und Leitung der Volkswirtschaft).

9 Im folgenden Abschnitt wird darauf noch näher eingegangen.

10 Im "Ökonomischen Lexikon" wird bei der Erläuterung der volkswirtschaftlichen Proportionen nur auf die Sicherung einer "kontinuierlichen" und "harmonischen" Entwicklung verwiesen. Da "harmonisch" auch als "proportional" bezeichnet werden kann und somit das zu Erklärende einfach wiederholt wird, würde lediglich die Kontinuitätssicherung als Funktion der Proportionen verbleiben, was unseres Erachtens zu eng und einseitig ist. - Vgl. Ökonomisches Lexikon L - Z, Berlin 1966, S. 461.

11 Sie umfaßte in der hochaggregierten Form nur 12 Erzeugnishauptgruppen, weil hier die Handelsleistungen vollständig (ebenso wie teilweise die Güterverkehrsleistungen) den jeweiligen Erzeugnishauptgruppen der Produktion zugeordnet waren.

12 Vgl. Gertraud Kalok, Arbeitsbericht: Der Verbrauch von Erzeugnissen und materiellen Leistungen nach Bedürfniskomplexen. Eine Analyse des Endprodukts 1968, Zentralinstitut für Wirtschaftswissenschaften der Deutschen Akademie der Wissenschaften, Berlin 1972. - Aus diesem Bericht wurden die Tabellen 1 bis 4 entnommen. Eine kurzgefaßte Darstellung der wichtigsten Berechnungsschritte, die in der vorliegenden Analyse zum besseren Verständnis der Aussagen teilweise wiederholt werden, enthält auch der Beitrag von G. Knobloch, Gesellschaftliche Bedürfnisse, Produktionsstruktur und volkswirtschaftliche Proportionen, in: Faktoren und Kriterien der intensiv erweiterten Reproduktion im Sozialismus, Hg. von K. Bichtler/H. Maier, Berlin 1972, S. 142 - 177. Die in diesem Beitrag angeführten Kennziffern beziehen sich jedoch auf das ursprüngliche Zahlenmaterial der Verflechtungsbilanz zu Endverbraucherpreisen.

13 Diese ebenfalls von Gertraud Kalok unter Mitwirkung von Lieselotte Neuberth (statistische Bearbeitung) ermittelten Ergebnisse sind in den Tabellen 5 bis 8 des vorliegenden Beitrags enthalten.

14 Die zuletzt getroffene Feststellung wird durch die jährlichen Schwankungen der Akkumulationsrate nicht wesentlich beeinträchtigt, eher noch bestärkt, weil die Tendenz in letzter Zeit rückläufig war. So entwickelte sich die Akkumulationsrate (Investitionsanteil) des verwendeten Nationaleinkommens der DDR nach 1968 wie folgt (in Prozent):

1968	18,7	1971	19,0
1969	20,9	1972	18,4
1970	20,3		

Vgl. Statistisches Jahrbuch der DDR 1973, Berlin 1973, S. 42.

15 Das wird unter anderem durch die Entwicklung des Anteils der Nahrungsmittel am Realeinkommen der Arbeiter- und Angestelltenhaushalte der DDR bestätigt. Dieser Anteil betrug 1960 32,6 Prozent und 1972 nur noch 26,1 Prozent (Verbrauch von Konsumgütern und Leistungen = 100 Prozent). - Vgl. ebenda, S. 344.
Diese Tendenz ergibt sich vor allem aus dem gleichbleibenden oder sogar zurückgehenden Pro-Kopf-Verbrauch solcher Nahrungsgüter wie pflanzliche und tierische Fette, Mehl und Nährmittel, Speisekartoffeln und ihre Folgeprodukte, die insgesamt ein relativ großes Produktionsvolumen der Lebensmittelindustrie und Landwirtschaft umfassen.
Im Zusammenhang mit den qualitativen Verbesserungen der Ernährung der Bevölkerung der DDR vollziehen sich gegenwärtig bei den Grundnahrungsmitteln wesentliche Veränderungen (mehr eiweißhaltige und weniger kalorienreiche Nahrungsmittel). Diese können unter den derzeitigen Produktivitäts- und Effektivitätsbedingungen der Nahrungsgüterproduktion auch zu gegenläufigen Tendenzen der Aufwandsentwicklung für den Ernährungskomplex führen, die die Tendenz zum sinkenden Anteil am volkswirtschaftlichen End- beziehungsweise Bruttoprodukt und den damit verbundenen Arbeitskräfte- und Grundfondsaufwendungen mehr oder weniger kompensieren.
Spätestens in den achtziger Jahren dürfte aber auch bei Fleisch, Milch, Eiern, Gemüse und anderen hochwertigen Grundnahrungsmitteln der Pro-Kopf-Verbrauch der Bevölkerung der DDR nicht mehr wesentlich ansteigen, weil hier ebenfalls die Sättigungsgrenzen immer mehr erreicht werden. Dann wird sich wahrscheinlich die Tendenz zum sinkenden Anteil des Ernährungskomplexes an der materiellen Produktion noch stärker durchsetzen.

16 Die Berücksichtigung des für die DDR recht bedeutenden Austausches über den Außenhandel, von dem hier abstrahiert wurde, würde zu keinen gegenteiligen Aussagen führen, und zwar aus folgenden Gründen: Bei der Schwerindustrie kompensieren die Exporte der metallverarbeitenden und chemischen Industrie zu einem großen Teil die Grundstoff- und Energieträgerimporte. Insgesamt verbleibt jedoch ein Exportüberschuß. - Bei der Leicht- und Lebensmittelindustrie gleichen sich die Exporte (vorwiegend Leichtindustrieerzeugnisse) und die Importe (vorwiegend Lebensmittel) fast aus. - Bei landwirtschaftlichen Erzeugnissen besteht ein Importüberschuß.
Angesichts des Exportüberschusses der Schwerindustrie wird bei proportional oder schneller wachsendem Außenhandel gegenüber der Industrieproduktion, wie es in letzter Zeit in der DDR stets der Fall war, das vorrangige Wachstum der Schwerindustrie noch verstärkt.

17 L.I. Breshnew, Rechenschaftsbericht des Zentralkomitees der KPdSU an den XXIV. Parteitag der Kommunistischen Partei der Sowjetunion, Moskau-Berlin 1971, S. 62.

18 Anlaß zu solchen Trugschlüssen geben auch ungenaue Definitionen der Schwerindustrie. So wird im "Wörterbuch der Ökonomie des Sozialismus" die Schwerindustrie als die "Gesamtheit der Zweige und Betriebe,

die Produktionsmittel herstellen" bezeichnet und im Zusammenhang mit der Betrachtung ihres Vorrangs und schnelleren Wachstums auf das Gesetz des vorrangigen Wachstums der Produktion von Produktionsmitteln verwiesen. - Vgl. Wörterbuch der Ökonomie des Sozialismus, Berlin 1973, S. 788.

19 Diese Kennziffer wird häufig auch als "Arbeitsproduktivität" interpretiert, was aber für Niveauvergleiche zwischen verschiedenen Produktionsbereichen nicht richtig sein dürfte. Danach wäre zum Beispiel die Lebensmittelindustrie in vielen Ländern der mit Abstand "produktivste" Produktionsbereich; ihr außerordentlich hohes Bruttoprodukt je Beschäftigten beruht jedoch hauptsächlich auf den hohen Kosten der verarbeiteten landwirtschaftlichen Rohstoffe, also nicht auf der eigenen hohen Produktivität, sondern auf der niedrigeren Produktivität der Landwirtschaft.

20 Lehrbuch. Politische Ökonomie. Sozialismus, Berlin 1972, S. 234.

21 Dieser in Tabelle 9 ausgewiesene Anteil der in der materiellen Produktion direkt und indirekt für den "Inlandbedarf" (Konsumtion und Investitionen) beschäftigten Arbeitskräfte stimmt fast genau mit dem Anteil überein, der aus der Berufstätigenstatistik nach Wirtschaftsbereichen für 1968 errechnet werden kann (vgl. Statistisches Jahrbuch der DDR 1973, Berlin 1973, S. 19), obwohl bei unseren Berechnungen die Außenwirtschaftsbeziehungen nicht berücksichtigt werden. Das bestätigt, daß sich die Einflüsse des Außenhandels auf die volkswirtschaftliche Arbeitskräftestruktur im wesentlichen innerhalb der materiellen Produktion insgesamt ausgleichen.

22 Vgl. ebenda und auch die Bemerkungen in Anmerkung 21.

23 Diese Tendenz zeigte sich mehr oder weniger stark während der gesamten bisherigen Entwicklung der Volkswirtschaft der DDR. So betrug der Anteil der nichtmateriellen Bereiche an den Gesamtbeschäftigten in der DDR in Prozent:

1950	12,5	1965	16,5
1955	15,2	1970	17,4
1960	15,5	1972	18,1

(Nach: Statistisches Jahrbuch der DDR 1973, Berlin 1973, S. 19).

24 Auch bei den Grundfonds stimmen die von uns für den "Inlandsbedarf" (Konsumtion und Investitionen) berechneten Anteile der materiellen Produktion und der nichtmateriellen Bereiche fast genau mit den Anteilen überein, die sich aus den veröffentlichten Statistiken über den durchschnittlichen Grundmittelbestand der Volkswirtschaft der DDR errechnen lassen, so daß für diese Grundproportion die von uns vernachlässigten Außenhandelseinflüsse ebenfalls als unwesentlich betrachtet werden können. - Vgl. ebenda, S. 18.

25 Da die zu den nichtproduzierenden Grundfonds zählenden Verkehrsanlagen im Gegensatz zu den Produktionsgrundfonds des Verkehrswesens nicht in die Verflechtungsberechnungen der Erzeugnishauptgruppen einbezogen werden konnten, obwohl das erforderlich wäre, dürfte in Wirk-

lichkeit der Grundfondsanteil für die Investitionen zu Lasten des Anteils für die Konsumtion etwas größer sein. Auf keinen Fall würden sich dadurch aber Relationen ergeben, die zu anderen Aussagen führen.

26 Im Unterschied zu den vorher behandelten Kennziffern der relativen "Grundfondsausstattung der Arbeitskraft", die das Verhältnis $\frac{\text{Anteil an den Grundfonds}}{\text{Anteil an den Arbeitskräften}}$ ausdrücken, ergeben sich die Kennziffern der relativen "Grundfondsintensität der Produktion" aus dem Verhältnis $\frac{\text{Anteil der Produktionsgrundfonds}}{\text{Anteil des Bruttoprodukts}}$ der jeweiligen Erzeugnishauptgruppe oder auch des Bedürfniskomplexes.

27 Nach den in den Tabellen 3 und 14 angegebenen Anteilen ist die relative durchschnittliche Grundfondsintensität der materiellen Produktion

für die Konsumtion $\frac{76,4}{72,9} = 1,05$,

für die Investitionen $\frac{23,6}{27,1} = 0,87$.

Die Produktion für die Konsumtion hat demnach eine um rund 20 Prozent höhere Grundfondsintensität als die für die Investitionen.

28 Von 1960 bis 1972 wuchsen in der DDR die Grundfonds

der stofflichen Produktion auf 202 Prozent,
der materiellen Dienste auf 159 Prozent.

Berechnet nach Angaben des Statistischen Jahrbuches der DDR 1973, Berlin 1973, S. 18 und 48, sowie des Statistischen Taschenbuches der DDR 1974, Berlin 1974, S. 30.

29 K. Mikul'ski, Die Wirtschaft der RGW-Länder, Wachstumsfaktoren und Effektivitätsprobleme, in: Mirovaja ėkonomika i mezdunarodnye otnosenija (Moskau), 10/1971, S. 17.

Notizen

Notizen

Notizen

Bei Fragen zur Produktsicherheit wenden Sie sich bitte an:
If you have any questions regarding product safety,
please contact:

Walter de Gruyter GmbH
Genthiner Straße 13
10785 Berlin
productsafety@degruyterbrill.com